GUT, MENSCH ZU SEIN

Klaus Schwertner

GUT, MENSCH ZU SEIN

MOLDEN

Für Matilda, Valentin,
Severin und Moritz

INha ↗

00	Vorneweg	9
01	Ohne Krise kein Happy End	15
02	Politisch unkorrekt	33
03	Von Höhen und Tiefen – Meine Kindheit, und warum die eigenen Krisen immer am meisten wehtun	57

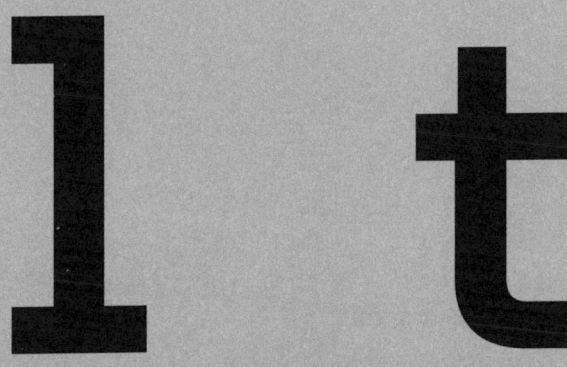

04	Vom Shitstorm zum Flowerrain	77
05	Die ganze Welt dreht sich um mich, denn ich bin nur ein Altruist	99
06	Follow me! Warum wir jetzt ein neues Netz brauchen	115
07	Kommen Gutmenschen eher in den Himmel?	135
08	Was am Ende zählt	157
09	Vom Mut, den ersten Schritt zu tun – Jetzt musst du springen!	175

VORNEWEG

Die Gedanken und Begegnungen, die Gespräche und Erfahrungen für dieses Buch trage ich schon lange in meinem Herzen, aber ich war ebenso lange nicht in der Lage, sie zu Papier zu bringen. Mit der Corona-Krise schien plötzlich der richtige Augenblick gekommen, um dieses Buch zu schreiben. Ganz einfach, weil ich immer stärker spürte, dass die Fragen, die mich seit Jahren beschäftigten, auch ganz viele andere Menschen umtreiben. Menschen, denen ich Tag für Tag begegne – persönlich oder auf Social Media. Und weil ich hoffte, dass die Antworten, die ich in den vergangenen Jahren für mich gefunden habe, jetzt auch für den einen oder die andere nützlich sein könnten. Gerade in dieser verrückten Zeit. Gerade in einer verrückt gewordenen Welt, von der seit Jahren gebetsmühlenartig behauptet wird, sie wäre aus den Fugen geraten.

Wie soll ich leben, wenn plötzlich alles infrage gestellt wird? Wenn wir uns nach der Vergangenheit sehnen und wissen, dass sie nicht mehr so kommen wird? Woran kann ich glauben, wenn die Wahrheit von Fake News immer schwieriger zu unterscheiden ist? Worauf dürfen wir hoffen? Was zählt? Was ist wichtig und was egal? Wer sind die Guten, wer die Bösen? In den vergangenen Jahren konnte man den Eindruck gewinnen, das Match „Gut gegen Böse" wäre längst entschieden! Alles geht den Bach runter. Das Ende ist nah. So hieß es oft. Und ich gebe schon zu: Es gab vermutlich schon entspanntere und hoffnungsvollere Zeiten. Eine Krise jagt die andere. Klimakrise. Finanz- und Wirtschaftskrise. Corona und Massenarbeitslosigkeit. Krieg in Syrien und im Jemen. Terror weltweit und zugleich in unseren Wohnzimmern. Alles rückt in Echtzeit näher. Das ist bedrohlich, macht Angst. Die Welt scheint dominiert von Populisten und Despoten, von Menschen, die andere klein machen, anstatt sie aufzurichten – nicht nur in der Politik, aber dort geballt. Bedacht auf den eigenen Vorteil, geschichts- und zukunftsvergessen. Egoismus anstelle von Solidarität.

Gerecht und gut fühlt sich das alles gerade nicht an. Aber dann ist da noch diese andere Welt voller Hoffnung und Mitmenschlichkeit. Die vielen Begegnungen und Gespräche, der Zusammenhalt und die Zuversicht. Vielleicht bin ich gerade deshalb überzeugt: Die Endzeitstimmung mit all den Bad- und Breaking-News lähmt nicht nur, sie verstellt auch den Blick auf all das Gute, das geschieht und das möglich ist. Mehr noch: Ich glaube, das Gerede von der drohenden Apokalypse ist was für Anfänger!

„Gut, Mensch zu sein" ist der Versuch einer Ermutigung. Der Ermutigung, sich nicht vor dem angeblichen

Ende zu fürchten, sondern stattdessen lieber Teil von etwas Neuem, Teil einer Veränderung zu sein – hier und jetzt. Der Erlöser wird nicht kommen! Wir sollten endlich erkennen: Die Erlöserinnen und Erlöser, das sind wir selbst. Denn das Match Gut gegen Böse ist keines, das nur auf den großen Bühnen und in den Hinterzimmern der Mächtigen dieser Welt entschieden wird, sondern zuallererst auch eines, das jede und jeder von uns selbst bestreiten muss. Da gibt es keinen Ausweg, keine Fluchtmöglichkeit und kein Entkommen. Wir selbst sind Teil des Problems – mit all unseren Schwächen, mit unseren Ängsten, den Bequemlichkeiten und Gewohnheiten! Wir können aber eben auch Teil der Lösung sein! Zumindest dann, wenn wir erkennen: Wir müssen nicht auf die Veränderung zum Positiven warten, wir können sie selbst sein. Es ist gut, Mensch zu sein.

Dieses Buch zu schreiben fühlte sich so an, als würde ich mich in Lockdown-Zeiten auf eine lange Reise begeben. Das Schreiben führte mich gedanklich zurück in die eigene Vergangenheit, an Orte, die ich lange nicht mehr besucht hatte, an Grenzen – persönliche und geografische. Nach Lesbos und zurück in die eigene Kindheit. Hinaus auf die Straße – dorthin, wo jene Menschen wohnen, die kein Zuhause mehr haben. Und an Orte, an denen man dem Tod näher ist als dem Leben. Hinein in die politische Arena, wo kaum etwas so ist, wie es scheint. Und hinab in meine eigenen Tiefen und Untiefen. Meine Geschichten handeln vom Gelingen und vom Scheitern. Von der Angst und dem Zweifel. Aber auch vom Mut und der Zuversicht. Und davon, dass eine bessere Welt möglich ist.

Liebe Leserinnen und liebe Leser, ich habe Fehler, Zweifel, und auch mich plagen häufig Ängste. Trotzdem möchte ich Ihnen mit meinem Buch „GUT, MENSCH ZU SEIN" so richtig Bock auf das Gute machen! Mit einem Buch, das Sie inspirieren soll, das Gute zu sehen und sich selbst dafür einzusetzen. Denn das Match Gut gegen Böse ist noch lange nicht entschieden. Das Rennen ist offen. Der Einsatz und das Engagement lohnen sich. Und jede und jeder Einzelne von uns kann und muss selbst entscheiden, auf welcher Seite der Macht er oder sie stehen will. Wir werden das Ungleiche, das Ungerechte, die Krisen und Katastrophen nicht mit einer Methode, einer Handvoll Prinzipien oder mit den Zehn Geboten erfolgreich bekämpfen oder lösen können. Wir werden einen ganzen Werkzeugkasten voll mit Ideen und Lösungen brauchen. Einen Werkzeugkasten voll Mut und Entschlossenheit.

Veränderung ist möglich, wenn wir unsere eigene Komfortzone verlassen, über Grenzen zu gehen bereit sind, die Veränderung, die wir wollen, selbst vorantreiben. In unserer unmittelbaren Nachbarschaft, dort, wo wir uns gerade befinden, leben und wirken. Dort, wo wir gebraucht werden und gefordert sind.

Wir selbst müssen zu jenen Menschen werden, die wir sein wollen, um unseren Kindern eine fairere und gerechtere Welt zu hinterlassen. Dazu ist es nicht nötig, zur Heldin oder zum Helden zu werden. Es kann schlicht und einfach genügen, uns immer und immer wieder in Erinnerung zu rufen: Es ist gut, Mensch zu sein.

Klaus Schwertner, Frühling 2021

KaP!

tel 01

Ohne Krise kein Happy End

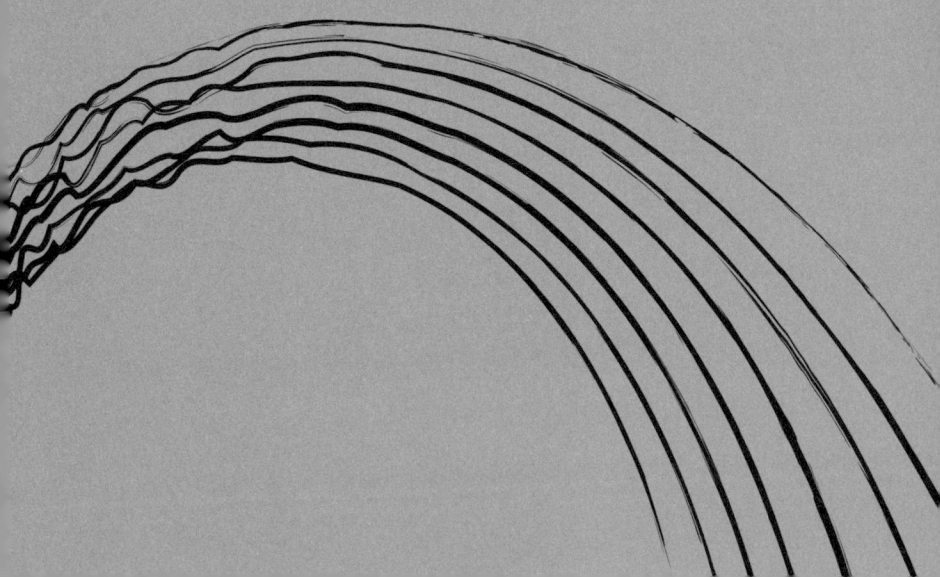

Diesen Moment habe ich nicht kommen sehen. Dabei kam die Krise nicht aus dem Nichts, sondern mit Anlauf. Die ersten Meldungen erreichten uns im Januar 2020, mehrere Wochen, bevor es tatsächlich ernst wurde. Doch, dass es ernst werden würde, wollten die meisten von uns nicht sehen. Ich weiß nicht, ob es ein nicht „wollen" oder ein nicht „können" war – ein Mangel an Fantasie oder die Angst vor der anrollenden Gefahr. Zu dystopisch schien die Vorstellung, dass ein unbekanntes Virus unsere Gesellschaft mir nichts, dir nichts aus den Angeln heben könnte. Unvorstellbar. Kurze Zeit später schon werden wir uns zur Begrüßung und zum Abschied nicht mehr die Hand geben, unsere Liebsten nicht mehr umarmen. Die Straßen leergefegt. Geschlossene Geschäfte, Hotels, Kaffeehäuser und Restaurants. Homeoffice und Videokonferenzen. Homeschooling und Distance Learning. Nicht nur unser Land, die ganze Welt befand sich im Lockdown. Das Coronavirus stellt uns und die Art und Weise, wie wir bislang lebten, mit einem Federstreich infrage. Was bislang galt und unverrückbar schien, steht plötzlich zur Disposition. Wir machen die Erfahrung, dass wir verdammt verletzlich und angreifbar sind. Als Gesellschaft, über Grenzen und Kontinente hinweg – eine gesellschaftliche Nahtoderfahrung.

Wir erlebten in den vergangenen eineinhalb Jahrzehnten eine regelrechte Inflation an Krisen. Finanz- und Wirtschaftskrise: krachende Banken, schwankende Staaten. Flucht- und Migrationskrise: unfassbares Leid und überforderte Behörden. Die Klimakrise: Hitze, Artensterben, Gletscherschwund und die Unfähigkeit, diese Krise entschieden und konsequent gemeinsam zu bekämpfen. Als Nächstes also Corona. Die vier apokalyptischen Krisenreiter. Die Offenbarung unserer jüngeren Geschichte. War in den Nullerjahren eigentlich irgendwann mal keine Krise? Irgendwas war doch immer: Terror in den USA und in Europa, Krieg in Syrien, der Ukraine und in Afghanistan, die Erosion des Politischen, die Zweifel an der Demokratie und der rasante Aufstieg des Populismus. Trump und Brexit. Ibiza und Orbán. Und über allem eine veritable Krise des Vertrauens: in Wissenschaft und Glauben, in Politik, Medien und Wirtschaft. Als würde uns der Boden, auf dem wir bis vor Kurzem noch so sicher und trittfest standen, regelrecht unter den Füßen weggezogen. Das Ende der Gewissheit, gefolgt von einer großen Unsicherheit.

Ich frage mich in solchen Augenblicken oft: Was bleibt? Was hat noch Bestand, wenn wir alle spüren, dass das Alte nur noch bedingt Gültigkeit besitzt, das Neue aber noch nicht greifbar ist – wenn wir also mittendrin stecken in einer grundlegenden Zeit der rasanten Veränderung, in einer Zeit, in der die Karten neu gemischt werden? Aus meinem persönlichen Umfeld weiß ich: Es gibt viele Menschen, die angesichts dieser

Entwicklungen das Grundvertrauen in unseren Weltenzusammenhang zu verlieren drohen. Die Zuversicht und den Glauben, dass sich die Dinge zum Guten oder zumindest zum Besseren entwickeln können. Dass wir bei allem, was schwierig ist, in einer guten Welt und einem wunderschönen Land leben. Dass wir gemeinsam einen Weg aus diesen Krisen finden können – und werden.

Ich verstehe das. In seltenen Momenten beschleichen mich diese Zweifel, Sorgen und Ängste genauso. Meist dann, wenn ich spätabends im Bett liege und in den umliegenden Zimmern meine Kinder friedlich schlafen. Es ist die Welt, in die sie hineinwachsen. Die Welt, die wir ihnen hinterlassen. Wenn die Zukunft nicht zuallererst offen und im besten Fall verheißungsvoll, sondern düster und eher bedrohlich wirkt, dann macht das etwas mit uns Menschen. Es lässt uns straucheln.

Nicht zu wissen, was kommt, das Gefühl von Unsicherheit und Kontrollverlust halten wir nur sehr schwer aus. In unserer stark regulierten Gesellschaft unternehmen wir in der Regel alles, um Risiken zu minimieren, um auf Basis von Wahrscheinlichkeiten unsere Zukunft vorherzusehen. Und heute wissen – oder zumindest erahnen – wir, dass sich diese Zukunft nicht mehr so einfach aus der Vergangenheit ableiten lässt. Was gestern galt, kann morgen schon ganz anders sein. Sogar das Wort Momentaufnahme hat während der Corona-Krise eine ganz neue Bedeutung bekommen.

Hand aufs Herz: Wer hätte es vor wenigen Jahren schon für möglich gehalten, dass ein unbekanntes Virus weite Teile unserer Welt aus den Angeln heben würde? Wer hätte darauf gewettet, dass die Vereinigten Staaten, „the land of the free", schon bald von einem irrlichternden und gefährlichen Populisten via Twitter regiert werden würden? Dass es Anfang 2021 einen Sturm von einem wildgewordenen Mob auf das Kapitol in Washington, D.C., geben könnte? Dass unsere britischen Nachbarn die EU verlassen? Dass in der Ukraine – und damit mitten in Europa – Krieg wahrscheinlicher scheint als Frieden? Wer hielt es vor der Finanz- und Wirtschaftskrise ernsthaft für möglich, dass wir plötzlich vor der Frage stehen würden, ob man Griechenland abwickeln könne, wie den sterbenden Greißler ums Eck? Man braucht keinen Abschluss in Zeitgeschichte, um festzustellen: Der Blick in die jüngere Vergangenheit ist nicht gerade das, was uns Lust auf Zukunft macht. Das Dumme an solchen Gedankenspielen: Apokalypse nervt, sie quält und sie lähmt. Und erlebten wir nicht auch Jahrzehnte des Wohlstands in Österreich, Jahrzehnte des friedvollen Miteinanders in Europa (mit Ausnahme des schrecklichen Kriegs am Balkan), und gelang es uns nicht gerade in den vergangenen Jahrzehnten, den Hunger in der Welt und die Kindersterblichkeit maßgeblich zu reduzieren? Diese Tatsachen vor Augen, stelle ich mir immer wieder die Frage, ob das Gerede vom Weltuntergang nicht einfach auch ein verdammt alter Hut ist. Das Ende ist nah! So hieß es in der Vergangenheit schließlich schon zu oft.

Der deutsche Journalist Malte Henk machte sich die Mühe, einige angekündigte Weltuntergänge der Vergangenheit aufzuschreiben.

Mit dem Ausbruch der Pest im 14. Jahrhundert etwa wähnten viele Menschen in Europa das Ende der Zeit gekommen. Die Zeugen Jehovas erwarteten bis zum Jahr 1975 knapp neun Mal den Beginn des Weltuntergangs. 1997 dann der Massenselbstmord einer Sekte in den USA. Die Geschichte war kompliziert: Der Guru brauchte ein Ufo, doch an Bord gelangte nur, wer sich zuvor suizidierte. Im Mai 2012 sagten bei einer Umfrage in 21 Ländern immerhin ganze acht Prozent der Befragten, sie rechneten mit dem Ende der Welt noch im selben Jahr. Dann der Maya-Kalender und das angebliche Ende im Juni 2020. Auch schon vorbei und überlebt. All diese Offenbarungen mit den tatsächlichen Bedrohungsszenarien der heutigen Zeit gleichzusetzen verbietet sich natürlich. Aber sind sie nicht auch Ausdruck einer gewissen Angstlust, die auch heute wieder um sich greift? Warum sind wir so verdammt stark darin, uns zu fürchten? Und warum glauben wir in diesen Augenblicken der Krise lieber an die Apokalypse statt an Utopien? Wäre nicht der Moment der Krise genau der richtige Zeitpunkt und ein Ausgangspunkt, um von einer besseren Zukunft zu träumen?

Als der englische Schatzkanzler Thomas Morus im frühen 16. Jahrhundert seine Vision von Utopia verfasste, darin von der Gleichheit der Menschen schrieb und feudale Vorrechte literarisch abschaffte, hätten Utopie und Wirklichkeit kaum weiter auseinanderliegen können. England war zu dieser Zeit stark von sozialer Ungleichheit geprägt. Es herrschte extreme Armut in der Bevölkerung. Die Menschen bettelarm, wenig gebildet und geknechtet. Und doch: Mit dem Aufkommen des Humanismus, dem Zeitalter der Menschen, waren die Horizonte plötzlich offen. Eine andere Welt schien möglich.

Vielleicht ist es also doch auch so, dass Krisen unsere Fantasie beflügeln können. Vielleicht ist Hoffnung eine Quelle, die gerade auch im Dunkeln fließt. Daran schließt auch eine Erfahrung an, die nicht nur ich persönlich immer wieder mache, sondern die vermutlich jede und jeder auf die eine oder andere Weise schon erlebt hat: Gerade in Krisensituationen gelingt es uns Menschen, ungeahnte Kräfte zu mobilisieren, ein hohes Tempo zu gehen, mit voller Energie und mit letztem Einsatz zu versuchen, möglichst viele Dinge gemeinsam zum Positiven zu verändern – Dinge, die zuvor aus guten Gründen oder einfach aus Gewohnheit und „weil es immer schon so war" noch unmöglich waren. Als klar war, dass das Virus die Insel Österreich nicht verschonen würde, als sich die Intensivstationen in Italien und Spanien rasch füllten und erste Pflegewohnhäuser in Frankreich und Belgien zu Corona-Clustern wurden, viele Menschen in weiterer Folge verstarben, da ging es mir im ersten Moment vermutlich wie den meisten anderen in unserem Land.

Ich verspürte großes Unbehagen. Ich wusste nicht, was uns erwarten würde. Ich wusste aber von Beginn an, dass uns diese Krise ganz grundlegend verändern wird. Ich fürchtete diese Veränderung mehr als das Virus selbst. Während der ersten Tage verfiel ich in eine große Passivität. Ich starrte auf die Ereignisse, verfolgte die Nachrichten, als würde ich Zeuge einer großen Naturkatastrophe. Gebannt von den Naturgewalten, die freigesetzt werden. Unfähig, darauf zu reagieren. Damit beschäftigt, zu verarbeiten, was sich gerade vor meinen Augen abspielte. Rückblickend war dieser Moment, der eine gefühlte Ewigkeit zurückliegt, vielleicht auch jener Augenblick, an dem ich zuletzt tief Luft holen konnte – nicht wissend, was als Nächstes alles passieren würde, aber überzeugt, dass wir auch als Hilfsorganisation massiv gefordert sein werden. Es war in gewisser Weise ein letztes Luftholen und Durchatmen vor dem Sprint, der vor mir lag. Nicht ahnend, dass es sich nicht um einen Kurzstreckenbewerb, sondern um einen Ultramarathon handeln würde.

Augenblicke wie diesen habe ich schon mehrfach erlebt. Der Moment, in dem sich ein Schalter in mir umlegt. Raus aus der Passivität, rein ins Tun. Irgendwas tun – sei es, um etwas zu verhindern oder etwas anderes zu ermöglichen, oder sei es nur, um das Gefühl niederzuringen, dass ich dem Geschehen um mich herum hoffnungslos ausgeliefert bin. Deshalb beginne ich zu laufen. Schnell zu laufen. Wie Forrest Gump im gleichnamigen Film. Ich beginne Möglichkeiten zu sehen, wo andere die Gefahr wähnen. Ich sehe Chancen, wo andere zur Vorsicht mahnen. Ich bewege mich, wo andere erstarren. Woran das liegt, weiß ich nicht genau. Vielleicht daran, dass ich in den vergangenen Jahren mit jeder Krise – ganz gleich, wie groß sie war, ob im Job oder im Privaten – auch die Erfahrung gemacht habe, dass in der Krise eben nicht nur das Risiko größer und die Gefahren mehr werden, sondern auch die Chancen und Möglichkeiten. Plötzlich sind Dinge möglich, die zuvor unverrückbar und in Stein gemeißelt waren. Unsere Gesellschaften werden durch Regelwerke zusammengehalten. Sie geben uns Stabilität und Orientierung. Sie geben uns Struktur. Doch in Krisen gehen viele dieser Regeln über Bord, sind hinderlich und störend. Ich verstehe, dass das sehr vielen Menschen Angst macht. Doch ich glaube, es kann auch sein Gutes haben, weil in einem Regelvakuum zugleich immer etwas Neues entstehen kann.

Das Gerede von der „Krise als Chance" nervt. Und es ist auch zu banal. Die Wirklichkeit ist komplizierter. Zu gut weiß ich, dass Krisen für viele Menschen immer auch existenzbedrohend sind, Schmerz, Leid und bittere Armut bedeuten. Egal ob Krieg, Klima-, Corona- oder Wirtschaftskrise. Aber vielleicht sind wir oft erst dann imstande zu handeln, wenn wir zu verlieren glauben, was uns wichtig ist, wenn viel auf dem Spiel steht und wir uns klar darüber werden, dass es nicht mehr viele Gelegenheiten gibt, um das Ruder noch herumzureißen und die Segel neu zu setzen. Vielleicht gibt es ohne Krise überhaupt kein Happy End!

Doch was bedeutet das für das Hier und Jetzt – in einer Phase, in der uns dämmert, dass die größte aller Utopien – die Mär von einem unendlichen Wachstum auf einem endlichen Planeten – nicht hält? Viele sehen bereits das Zeitalter des Anthropozäns gekommen. Ein neuer Epochenbegriff wird populär. Er besagt, dass der Horizont, vor dem wir handeln, nicht mehr offen ist. Humanismus war Verheißung. Anthropozän ist Abgesang. Der Hinweis, dass wir uns mit Riesenschritten den planetaren Belastungsgrenzen nähern. Mit der Ausbeutung der Natur, der fortschreitenden Industrialisierung und mit der Globalisierung hat der Mensch begonnen, die Regeln, nach denen dieser Planet tickt, selbst zu verändern. Die Klimakrise ist real! Und wir wissen es seit langer Zeit. Anders als im Fall der Corona-Krise kündigt sich diese Katstrophe bereits seit Jahrzehnten an. Die Fakten liegen schon lange auf dem Tisch. Seit der Konferenz von Rio im Jahre 1992 ist klar: Der Punkt, an dem die Gleichgewichts- und Reparatursysteme von Flora und Fauna nicht mehr funktionieren, ist bald erreicht. In Paris verpflichteten sich 2015 alle Staaten der Welt zum Klimaschutz, definitiv ein historischer Moment, doch den Worten und Dokumenten von damals hinken die Taten bis heute dramatisch hinterher.

Ich glaube, die einfache Erkenntnis, dass unendliches Wachstum auf einem endlichen Planeten nicht möglich ist, beginnt erst langsam einzusickern. Nicht nur in die Köpfe der Politikerinnen und Politiker, sondern auch in unser aller Köpfe.

Stéphane Hessel beschäftigt sich in seinem Buch *„Engagiert euch!"* unter anderem mit der Erkenntnis, dass der Schutz der Natur ebenso wichtig sein muss wie die Wahrung der Menschenrechte. Für die Zukunft sieht er demnach die Rechte der menschlichen Person und der Natur als gleichberechtigt nebeneinander. Doch noch immer haben wissenschaftliche Fakten erstaunlich wenig Einfluss auf unser Handeln. Das Leid, dass infolge der Pandemie keine Billigflüge mehr möglich waren, überwiegt. Noch. Wir schließen die Augen und hoffen, dass es schon nicht allzu heiß, dass die Meere nicht allzu stark steigen werden. Warum sollte morgen nicht mehr funktionieren, was gestern noch kein Problem war?

Doch vielleicht gibt es auch für diese Krise ein Happy End. Krisen sind Zeiten, in denen Menschen mehr als sonst bereit sind, geliebte Gewohnheiten und über Generationen Gelerntes zu hinterfragen – „das System", vielleicht auch sich selbst. Neue Gedanken, neue Ideen können wachsen, Kräfteverhältnisse können sich verändern, was gestern noch Nische war, irritierend und seltsam wirkte, kann morgen schon Mainstream sein. Wer heute „Klimakrise" sagt, der kann auch „Fridays for Future" sagen. Wer heute vor einer polarisierten und unsolidarischen Gesellschaft warnt, der kann auch von der großen Welle der Hilfsbereitschaft berichten, die wir seit Ausbruch der Pandemie erleben. Tausende neue Freiwillige meldeten sich in der Corona-Krise allein bei der Caritas. Nachbarinnen und Nachbarn gehen füreinander einkaufen. Kinder schreiben Briefe an alte Menschen, selbst dann, wenn es nicht die eigenen Großeltern sind. Die überwiegende Mehrheit geht diszipliniert durch diese Zeit, auch wenn sich mit zunehmender Dauer der Krise Erschöpfung und Müdigkeit, Gereiztheit und Empörung breitmachen. Wir halten Abstand und bleiben uns dennoch innerlich nahe.

Ja, wir stehen in vielerlei Hinsicht an einem Scheideweg. Aber es liegt an uns, das Gute zu erkennen, darauf aufzubauen und es zu stärken. Das ist uns historisch immer wieder gelungen. Es ist nicht bequem, es ist oft mühsam, anstrengend und sogar zeitweise frustrierend. Und vieles spricht dafür, dass es auch in absehbarer Zukunft ungemütlich bleibt. Doch das Match ist offen. Es geht um die Frage, für welche Richtung wir uns entscheiden. Welche Dinge wir stärken, auf welcher Seite wir stehen wollen.

Gerade die Erfahrung der Corona-Krise zeigt uns, dass so vieles möglich ist, wenn auf den ersten Blick nichts mehr geht. Papst Franziskus warnte bereits im Jahr 2013 vor einer *„Wirtschaft, die tötet"*, und wurde dafür stark kritisiert. Wenige Monate später schrieb er in einer Botschaft zum Auftakt des Weltwirtschaftsforums in Davos, dass *"der Mensch im Mittelpunkt stehen muss, nicht der Drang nach Macht oder Profit"*. Galt für Jahrzehnte das Primat der Wirtschaft über die Politik, so waren Regierungen plötzlich aufgrund der Pandemie in der Lage, (auch schmerzliche und extrem weitreichende) Entscheidungen zu treffen, die zuvor unter Hinweis „auf die Märkte" niemals möglich gewesen sein sollen. In diesem Zusammenhang ist für mich völlig unverständlich, dass ausgerechnet jene Unternehmen und Konzerne wie Amazon & Co., die am stärksten von der Krise profitieren, nach wie vor kaum Steuern zahlen. Das muss sich ändern.

Wir alle haben gelernt, dass das Tun und Lassen von jeder und jedem einen großen Unterschied machen kann. Was oft floskelhaft daherkommt, haben wir in der Pandemie ganz intuitiv verstanden: Vermeintlich kleine Handlungen wie regelmäßiges Händewaschen, Abstand halten und Mund-Nasen-Schutz tragen können Einfluss auf die weltweite Entwicklung einer Pandemie und damit auf unsere eigene Gesundheit und unser Leben haben. Dass das Kleine oft im Großen mündet, ist eine Erfahrung, die ich in meiner Arbeit häufig mache. Veränderung fängt oft im Kleinen an, mit einem Gedanken, einem Wort, einem Posting, einem ersten Schritt, aber vor allem mit dem Überwinden von Ängsten, mit Dialog, Zuhören, Geduld und Begegnung.

Diese Erfahrung kann uns keiner mehr nehmen. Sosehr all die Maßnahmen während der Krise auch immer von oben herab verordnet wurden, so steckt doch im Händewaschen, im Maskentragen, ja sogar im Abstandhalten eine selbstermächtigende Erfahrung – nämlich die, dass es nicht egal ist, wie ich mich verhalte. Dass es um Eigenverantwortung geht und um gemeinsame Verantwortung für unsere Nächsten, die in einer globalisierten und digitalisierten Welt viele tausende Kilometer entfernt leben können. Ich bin überzeugt: Diese Erfahrung ist es, die wir für unsere eigene und für die Zukunft unserer Kinder brauchen – gerade dann, wenn es um die Rettung des Klimas, der Demokratie und letztlich des friedlichen Zusammenlebens und somit auch um die Rettung unser aller Lebensgrundlagen geht.

Wir werden dazu an der einen oder anderen Stelle unsere Komfortzone verlassen, liebgewonnene Gewohnheiten ablegen und uns auf Neues einlassen müssen. Mit Sicherheit. Es wird uns alles andere als leichtfallen, wir werden uns gewaltig anstrengen müssen und wir werden lernen, mit Unsicherheiten und Ängsten besser umzugehen, resilienter und widerstandsfähiger zu werden. Die Pandemie ist geradezu ein Lehrstück, um das Leben mit dieser Ungewissheit geduldig zu üben und daraus laufend zu lernen.

Während der Corona-Krise habe ich die für mich überraschende Erfahrung gemacht, dass gerade alte Menschen – also die Hochrisikogruppe Nummer eins – oft gelassener auf das Virus reagierten. Ein hochbetagter

Herr aus unserem Pflegewohnhaus in Breitenfurt sagte: *„Ich habe in meinem Leben so viele Krisen und sogar Krieg und große Not erlebt, wir werden auch diese Krise überstehen."* Er verlor eine Angehörige, als in Europa die Spanische Grippe wütete, er überlebte den Zweiten Weltkrieg und er machte die Erfahrung von Entbehrung und bitterer Armut im Österreich der Zwischen- und Nachkriegszeit.

Mit der Pandemie wurde eine globale Bedrohung für viele von uns zum ersten Mal nicht nur als Erkenntnis, sondern auch als simultanes Ereignis und als kollektives Schicksal spürbar. Selten zuvor war uns so bewusst: Wir sitzen alle im selben Boot. Und das ist eine gute Nachricht. Eine Nachricht, die Gutmenschen Hoffnung geben sollte. Und allen anderen im Übrigen unbedingt auch. Vielleicht wird das Jahr 2020 irgendwann in der Zukunft nicht mehr als „Krisenjahr" beschrieben werden, sondern als ein Jahr der Wende. Als jener Moment in der Geschichte der Menschheit, in der Staaten nach anfänglichen Abschottungstendenzen und nationalstaatlicher Kraftmeierei weltweit begannen, verstärkt zu kooperieren – zuallererst im Kampf gegen die Pandemie, später aber auch im Kampf gegen die Klimakrise und schließlich im gemeinsamen Einsatz für eine Welt ohne Armut und Hunger. Vielleicht wird das Jahr 2020 irgendwann einmal als jenes Jahr gelten, in dem den Menschen weltweit zu dämmern begann, dass sie etwas und sich selbst verändern müssen, um eine gemeinsame und gute Zukunft auf diesem Planeten zu haben. Das ist naiv? Keinesfalls, denn vielleicht werden spätere Generationen über uns einmal sagen, dass wir die Zeichen der Zeiten spät, aber doch noch rechtzeitig erkannt haben, dass das, was uns half, die Pandemie zu besiegen – diese gemeinsame Kraftanstrengung und dieses gemeinsame Engagement –, uns letztlich dabei helfen sollte, der Klimakrise die Stirn zu bieten oder den Hunger in der Welt endlich erfolgreich zu überwinden. Vielleicht werden die aktuellen Krisen irgendwann als jener Punkt in der Geschichte der Menschheit gelten, an dem wir uns grundsätzlicher mit der Frage zu beschäftigen begannen, wie ein gutes Leben in Sicherheit für möglichst alle Menschen auf dieser Welt möglich sein könnte.

Ob das tatsächlich so sein wird, weiß ich nicht. Aber ich bin überzeugt: Das Gerede vom „nahen Ende" ist was für Anfänger. Wenn das Unvorstellbare in den vergangenen Jahren in so kurzer Zeit plötzlich Wirklichkeit werden konnte, dann kann auch das Gegenteil davon in den nächsten fünf Jahren in die Welt kommen. Wo Dystopie möglich ist, ist auch Raum für Traum und Utopie – und Raum für Menschen, die jeden Tag daran arbeiten, diese Träume Wirklichkeit werden zu lassen.

KaP!

tel 02

Politisch unkorrekt

Es gibt Entscheidungen im Leben, die einem schwerer fallen als andere. Meine Entscheidung, ein Versprechen zu brechen, das ich einem hohen Beamten des Innenministeriums gegeben hatte, fiel definitiv in erstere Kategorie.

Juni 2015 in Traiskirchen. Die Uhr in meinem Auto zeigte 14:34 Uhr, als mein Navi mich in die Otto-Glöckel-Straße 24 zur sogenannten Erstaufnahmestelle Ost des Bundesministeriums für Inneres lotste. Wenn es einen Ort in Österreich gibt, an dem man die Flucht- und Migrationsgeschichte unseres Landes wie an Jahresringen eines Baumes abzählen kann, dann ist es dieses weitläufige Kasernenareal, 20 Autominuten außerhalb von Wien. Zuerst k.u.k. Artillerie-Kadettenschule, später Bundeserziehungsanstalt und Kaderschmiede der Nazis, nach dem Krieg Lazarett und seit Bestehen der Zweiten Republik schließlich Flüchtlingslager – seit vielen Jahrzehnten also erste Adresse für geflüchtete Menschen in Österreich. Nach dem Volksaufstand in Ungarn 1956 war das so, nach dem Prager Frühling 1968 und vor allem auch nach den Kriegen in Bosnien und dem Kosovo. 2015 waren es vor allem die Konflikte in und um Syrien, der Krieg in Afghanistan und die gekürzten Essensrationen in den großen

Flüchlingslagern, verursacht durch die fehlende internationale Hilfe, die Traiskirchen füllten. Seit Wochen geisterten Meldungen durch die Nachrichten, wonach die Erstaufnahmestelle völlig überlastet wäre. Allein: Journalistinnen und Journalisten waren in Traiskirchen unerwünscht, Bilder aus dem Inneren des Lagers drangen nicht nach außen – so wie heute Bilder aus den griechischen Flüchtlingslagern auf Lesbos mittels Geldstrafen unterbunden werden sollen. Ganz so, als sollte es entweder „hässliche Bilder" oder – noch besser! – gar keine geben.

Als ich endlich einen Parkplatz gefunden hatte, klopfte ein junger Bursche an das Fenster meines Autos: *„Do you have a cigarette for me, please?"* Ich reichte ihm eine Zigarette, zündete mir selbst eine an. Ja, ich hatte wieder zu rauchen begonnen. Vor einigen Wochen auf dem sogenannten Schiffsfriedhof in Sizilien war ich rückfällig geworden. An einem Strand, an dem dutzende gekenterte Flüchtlingsboote im Sand steckten, hatte ich mir die erste Zigarette nach langer Zeit angesteckt. Viel Stress und viel Emotion heißt in meinem Fall leider auch oft: viel Nikotin. Und auch an diesem sonnigen Juni-Nachmittag sollte ich angesichts der Bilder, die mich im Innern des Lagers erwarteten, noch viele Zigaretten rauchen. In Wahrheit rauchte ich das ganze Jahr hindurch. Denn was auf meinen Besuch in Traiskirchen folgte, waren Wochen und Monate harter politischer Auseinandersetzungen. Was folgte, war eine unwürdige Herbergssuche von geflüchteten Menschen in unserem Land und im Herbst 2015 schließlich eine Solidaritätskrise innerhalb Europas. Menschen auf der Flucht, die sich zu Hunderttausenden und zum Teil zu Fuß auf den Weg durch halb Europa machten. **Dieser Herbst wurde für Österreich und Europa in vielerlei Hinsicht zum Wendepunkt.** Spielfeld und Nickelsdorf. Der Kühl-Lkw bei Parndorf mit 71 Toten. Alan Kurdi, der kleine syrische Bub, der im Alter von zwei Jahren im Mittelmeer auf der Flucht ertrank und dessen Leichnam an einem Strand nahe Bodrum am 2. September 2015 angespült wurde. Die Bahnhöfe und die Überforderung der Behörden. Doch all das war an diesem Juni-Nachmittag in Traiskirchen noch weit entfernt. Hier stand ich nun: gemeinsam mit Kardinal Christoph Schönborn und dem leitenden Beamten des Lagers. Der Kardinal bat um einen Termin in der Erstaufnahmestelle, um sich ein Bild von der Lage zu machen. Ich bot mich kurzerhand an, ihn zu begleiten. *„Fotografieren ist hier verboten. Wir müssen unter allen Umständen die Privatsphäre der Leute schützen"*, sagte der Verantwortliche der Erstaufnahmestelle zu Beginn unserer Führung durchs Lager. Ich willigte ein ...

In den vergangenen 13 Jahren, seit ich für die Caritas tätig und im Einsatz bin, hatte ich oft mit Politikerinnen und Politikern unseres Landes zu tun. Mit Ministerinnen und Ministern und mit ihren Beamtinnen und Beamten. Mit Bürgermeistern (meist Männern) und Landespolitikerinnen und Landeschefs (auch sie fast ausschließlich männlich). Es ist Teil des Jobs. Unser Motto: so viel Zusammenarbeit wie möglich, so viel Kritik wie nötig. Unser Ziel: das Leben der Menschen, für die wir uns einsetzen, zu verbessern. Wir stoßen mit unseren Anliegen und Ideen dabei erfreulicherweise deutlich häufiger auf offene als auf verschlossene Türen. Meist verlaufen diese Gespräche mit Verantwortungsträgern konstruktiv, nur in seltenen Fällen findet man sich – ob gewollt oder nicht – auch als Gegenspieler der Politik wieder. Letzteres geschah häufiger in diesem Schicksalsjahr 2015 – auch infolge meines Besuchs in Traiskirchen. So war es aber auch schon früher gewesen, als die Stadt Wien etwa den Wiener Stadtpark von Obdachlosen räumen ließ. Oder einige Jahre später, als wir von Teilen der Bundesregierung heftig und über Monate hinweg attackiert wurden. Wir hatten es damals gewagt, Kritik am politischen Umgang mit armutsbetroffenen Menschen zu üben – Stichwort: „soziale Hängematte".

Bei all diesen Gelegenheiten erhielt ich Einblicke in den politischen Maschinenraum unserer Republik. Im Zuge der Ereignisse 2015 erlebte ich etwa einen schreienden Kabinettsmitarbeiter am Telefon, der sich wenig Mühe gab, seine Drohungen meiner Person gegenüber zu verklausulieren. Einen Minister, der mich wegen meiner Wortmeldungen in der Öffentlichkeit mit unterdrückter Nummer anrief, um zu erfragen, wer mich eigentlich beauftragt habe, ihn *„fertigzumachen"*. Ich begegnete vielen Menschen aus dem

Politikbetrieb mit dem ehrlichen Anliegen, Dinge zum Positiven verändern zu wollen. Ich erlebte ebenso, wie mit Stimmung Stimmen gemacht werden und wie sich engagierte Politikerinnen in unseren Einrichtungen auch von vorhandener Not abseits von Scheinwerfern und Blitzlicht berühren lassen. Ein jovialer (und hochrangiger) ehemaliger Landespolitiker erklärte – in der Annahme, witzig zu sein – bei einem öffentlichen Termin vor knapp 50 Gästen, dass er mich und unsere Arbeit zwar schätze, dass es aber auch schon unzählige Gelegenheiten gegeben habe, bei denen er mir „*gerne mit einer Glasscherbe das Gesicht rasiert*" hätte. Und eine Ministerin traf ich vor Jahren am Neujahrstag spontan und privat, weil sie meine Position in einer öffentlich ausgetragenen Auseinandersetzung im Nachhinein ehrlich besser verstehen wollte. Ich erlebte Höflichkeiten und konstruktive Gespräche auf Polit-Gipfeln und an Runden Tischen, aber auch Niederträchtigkeiten und schwere Fouls in der politischen Bassena. Kurzum, ich machte die Erfahrung: Politikerinnen und Politiker sind auch nur Menschen. Aber um auch das klar zu sagen: Unterm Strich überwiegt mein Respekt für die Arbeit, die sie Tag für Tag leisten. Die Verantwortung, die sie tragen. Der Druck, dem sie ausgesetzt sind. Ich möchte nicht tauschen. Doch seit den Erfahrungen aus dem Jahr 2015 merke ich, wie ich bis heute öfter als zuvor an der Politik verzweifle.

Bereits wenige Minuten, nachdem unsere Führung durch die Erstaufnahmestelle begonnen hatte, wurde mir klar, worum es dem Leiter des Lagers wohl tatsächlich ging, als er sagte, wir sollten auf keinen Fall Fotos machen, um die „*Privatsphäre der Leute*" zu schützen. Das Bild, das sich dem Kardinal und mir bot, war verheerend. Es war ein humanitärer Skandal: Knapp 3.000 Menschen waren zu diesem Zeitpunkt in Traiskirchen untergebracht. Knapp ein Drittel davon Kinder und Jugendliche. Aber nur für 1.800 Menschen gab es einen „festen Schlafplatz". 480 Personen waren seit Kurzem auf dem nahen Ausbildungsgelände der Polizei in Zelten untergebracht, erzählte der Beamte. „Wo schlafen die anderen Menschen?", fragte ich irritiert. „*Für 700 Leute gibt es aktuell weder Betten noch Matratzen. Am Abend lasse ich die Garagen, Wartesäle und den Kindergarten öffnen. Hinlegen darf man sich dort aufgrund der gesetzlichen Vorgaben und Auflagen nicht. Doch die Leute sind zum Teil völlig erschöpft und legen sich natürlich mit Decken auf den harten Boden oder schlafen im Sitzen ein.*" Beim Rundgang über das Gelände beobachteten wir ewig lange Schlangen bei der Essensausgabe, weinende Kinder und fast unter jedem Baum schliefen Menschen unter freiem Himmel. Daneben weiße Zelte, wie ich sie sonst nur aus Flüchtlingslagern im Libanon oder in Jordanien kannte. Und das Ganze mitten in Österreich – einem der wohlhabendsten Länder dieser Welt. Insgesamt waren die Mitarbeiterinnen und Mitarbeiter in der Erstaufnahmestelle durchaus bemüht, das Beste aus der Situation zu machen. Aber wie sollten sie die Versäumnisse der verantwortlichen Politiker nur ansatzweise kompensieren? Es wollte jedenfalls nicht in meinen Kopf: 700 obdachlose Menschen in einer von der Republik Österreich geführten Flüchtlingseinrichtung. Während 75 Prozent der österreichischen Gemeinden zum damaligen Zeitpunkt keinen einzigen Asylwerber bei sich aufgenommen hatten, schliefen Kinder hier unter freiem Himmel. Das war mir zu viel.

Ich ließ mich allmählich zurückfallen und begann, mit meinem Handy heimlich zu fotografieren und somit mein Versprechen bewusst zu brechen. Im Beisein des Kardinals hielt ich nicht Wort und verstieß gegen eine Vorschrift. Ich hatte Gewissensbisse und haderte damit. Doch intuitiv sah ich mich zu diesem Akt des zivilen Ungehorsams gezwungen. Am nächsten Morgen postete ich meinen Bericht samt Belegungszahlen und Fotos auf Facebook in der Hoffnung, dass sich etwas zum Positiven verändern würde. In der Hoffnung, dass Bund, Länder und Gemeinden endlich so etwas wie einen nationalen Aktionsplan Asyl ausrufen und die notwendigen Mittel zur Verfügung stellen würden. In der Hoffnung, dass sich weitere Bürgermeisterinnen und Bürgermeister in ganz Österreich finden würden, die schutzsuchende Frauen, Männer und Kinder bei sich aufnahmen.

Es war einer jener Augenblicke, in denen der Caritas im Allgemeinen und mir im Speziellen vorgeworfen wird, „zu politisch" zu sein. Jene Tage und Wochen, in denen etliche Politikerinnen und Politiker hochrangigen

Kirchenvertretern ausgedruckte Tweets und Presseaussendungen von mir vorlegten, weil sie glaubten, mich damit „zur Vernunft" bringen oder, noch besser, ruhigstellen zu können. Ich lernte damals, dass Druck immer Gegendruck erzeugt und dass vielen eine kirchliche Hilfsorganisation lieber wäre, die sich still um Ausspeisungen von in Not geratenen Menschen kümmert. Stumm, wenn es eigentlich darum geht, auch die Ursachen der Not konkret zu benennen. Frei nach dem Motto: „Hände falten, Gosch'n halten" und Suppe schöpfen. Dabei gehört es zu unserem Kernauftrag, uns auch einzumischen. *„Nur eine lästige Caritas ist eine gute Caritas"*, ruft Kardinal Schönborn regelmäßig öffentlich in Erinnerung. Das Evangelium ist kein Parteiprogramm. Wir sind weder türkis oder schwarz noch rot oder blau, nicht grün oder pink – unser Auftrag ist kein parteipolitischer, sondern ein gesellschaftspolitischer. Wir wollen nicht an der Seite irgendeiner Partei, sondern an der Seite jener Menschen stehen, die Hilfe und Unterstützung brauchen. Ganz gleich, ob pflegebedürftig, geflüchtet, obdachlos oder armutsbetroffen. Ganz egal, ob hier bei uns oder in anderen Teilen der Welt. Doch diese anwaltschaftliche Aufgabe, die zweite wesentliche Säule unserer Arbeit, ist vielen Politikern bis heute suspekt und verdächtig.

Ich erinnere mich besonders gut an die Auseinandersetzungen rund um Weihnachten 2018 – wenige Monate nach der Angelobung der damaligen Bundesregierung. Ein Interview, das wir kurz vor Weihnachten gegeben hatten und in dem wir Kritik am Umgang der Regierung mit armutsbetroffenen Menschen geübt und den politisch Verantwortlichen ein „Empathiedefizit" attestiert hatten, wurde von den jungen Vertretern der noch jungen Regierung zum Anlass genommen, eine regelrechte Kampagne gegen die Caritas und andere Hilfsorganisationen zu führen. Wir kritisierten damals die drohenden Kürzungen im Bereich der Mindestsicherung – des letzten sozialen Netzes – und wurden umgekehrt für unseren Einsatz für geflüchtete Menschen diffamiert. Die Stimmungsmacher in der Regierung wechselten also kurzerhand Thema und Spielfeld, streuten Nebelgranaten, lenkten von der Armutsfrage ab und versuchten uns stattdessen einmal mehr als naive „Willkommensklatscher" abzustempeln. Wir waren in der Vergangenheit immer wieder heftiger Kritik ausgesetzt, aber erstmals waren es die Spitzen der Regierung selbst, die über Wochen hinweg die Legitimität zivilgesellschaftlicher Kritik grundsätzlich infrage stellten – „NGO-Wahnsinn" inklusive. In Interviews und in den sozialen Medien wurde mal dezent, mal sehr brachial Stimmung gemacht – von Verantwortlichen beider Regierungsparteien. Es war in jener Zeit, in der auch kritisch berichtende Medien von der Politik immer offener unter Druck gesetzt und in Zweifel gezogen wurden. Ein Hauch von Trump und Orbán wehte damals und in Wahrheit bis heute durch unser Land. Der politische Diskurs wurde zunehmend rauer und politische Parteien standen sich zuallererst verfeindet gegenüber. Ich kann an der Stelle weniger für die Caritas als für mich selbst sprechen, wenn ich sage: Die Brutalität, mit der Einzelne diese Angriffe vornahmen, verfehlte ihre Wirkung nicht. Zumindest vorübergehend nicht. Ich brauchte Zeit, um meine Schlüsse daraus zu ziehen. Und ich brauchte wohl auch Zeit, um etwa mit derselben Entschiedenheit wie zuvor wieder für die Anliegen schutzsuchender Menschen einzutreten – ganz einfach, weil mich die Situation verunsicherte und das Ausmaß der Angriffe auch an meinen Kräften zehrte.

Mein Blick auf die Politik veränderte sich. Bis heute anerkenne ich die Arbeit, die im politischen Betrieb für das Wohl der Menschen in unserem Land geleistet wurde und noch immer geleistet wird. Jetzt während der Corona-Krise, aber auch im Blick zurück auf die vergangenen Jahrzehnte, in denen es gelang, ein dichtes Netz des sozialen Ausgleichs und der Achtsamkeit zu weben. Gemeinsam ist in diesen Jahrzehnten verdammt viel weitergegangen. Unser Land erlebte Jahrzehnte des Wohlstands und des sozialen Zusammenhalts. Wir lernten den Wert des politischen Kompromisses schätzen – also die Fähigkeit, ein und dieselbe Sache aus verschiedenen Blickwinkeln und Perspektiven zu betrachten, zu bewerten und gemeinsam zu entscheiden. Unter dem Eindruck von Krieg und Lagerstraße stärkten wir die wechselseitige Dialogbereitschaft und versuchten das Verständnis füreinander zu schärfen. Ja, auch ich weiß, dass Proporz und Kammerstaat im Rückblick besser nicht verklärt und zum Himmel auf Erden hochgejazzt werden sollten, dass vieles zäh, intransparent und mit der Zeit auch anachronistisch war. Doch letztlich hielt dieser Gedanke große und weite Teile der Gesellschaft zusammen und im Gespräch. Aber plötzlich war vieles davon nur mehr sehr wenig wert.

Schuld an allem ist die Politik! Das wäre viel zu einfach. Nichts liegt mir ferner, als in bloßes Politikbashing zu verfallen. Aber damals – im Winter 2018/2019 – erlebte ich hautnah, dass Politik vor allem immer eines zum Ziel haben muss: die Durchsetzung und Akkumulation von Macht und Hegemonie im öffentlichen Diskurs. Es wäre naiv zu glauben, dass das früher einmal anders war. Neu war jedoch, dass viele Hemmungen bei der Wahl der Mittel gefallen schienen – nicht nur, weil NGOs kritisiert wurden (das halten wir schon aus), sondern weil auch Parteien der Mitte dazu übergingen – wie in anderen entwickelten Ländern der Welt auch –, die Glaubwürdigkeit seriöser Medien zu untergraben und sich immer mehr von jenem „System" zu distanzieren, dem sie selbst so lange noch erfolgreich angehört hatten. In Opposition zur eigenen Vergangenheit und zum eigenen Land. Neuer Stil in alten Schläuchen.

Tatsächlich bin ich bereits einige Male gefragt worden, ob ich mir einen Wechsel in die Politik vorstellen könnte. Für unterschiedliche Parteien zu unterschiedlichen Zeitpunkten. Zwei Mal wurde es tatsächlich konkret. Und auch wenn ich diese Option für mich nicht für alle Zukunft ausschließen möchte, bin ich doch froh, diesen Schritt bislang nicht gesetzt zu haben. Zwar hätte mich die Vorstellung durchaus gereizt, die Erfahrungen, die ich als Verantwortlicher einer Hilfsorganisation mache, auch ganz unmittelbar in den politischen Prozess einfließen zu lassen, doch am Ende ließ mich stets etwas zögern. Vielleicht war es die Stimme meines Vaters, der mich schon in jungen Jahren davor warnte, mir einen Stempel aufdrücken zu lassen. Vielleicht ist es mein starker Wunsch nach Freiheit und Unabhängigkeit. Vielleicht aber waren es auch die Gespräche mit ehemaligen Politikerinnen und Politikern, die ich geführt habe und in denen diese erklärten, wie froh sie wären, diesen Kräften nicht mehr ausgesetzt zu sein. Und tatsächlich: Ich möchte nicht mit ihnen tauschen. Ich beneide sie nicht. Nicht um die Zwänge, denen sie ausgesetzt sind, nicht um den immensen Druck, dem sie standhalten müssen, die flüchtigen Allianzen, nicht um den doppelten Boden, auf dem sie stehen, nicht um die Posen, die sie einnehmen (müssen). Ehrlicherweise füge ich hinzu: Ich beneide sie aber auch nicht um die permanente Kritik, der sie sich gegenübersehen. Der Kritik des politischen Gegenübers, der Expertinnen und Experten, der Medien – nicht zuletzt auch jener von Stimmen aus der Zivilgesellschaft. Stimmen wie meiner. Auch wenn wir immer wieder bemüht sind, politische Fortschritte, die aus unserer Sicht für Menschen in Notsituationen erzielt wurden, als solche zu benennen, so sind es doch zuallererst die kritischen Töne, die gehört und medial verstärkt werden. Und vermutlich bin es auch ich selbst, der im Wissen um Letzteres, großzügiger Kritik austeilt, als Anerkennung zu zollen. Kompromisslos vorgetragen – kompromissloser, als es Politikerinnen und Politiker, die zumindest in der Theorie stets die Interessen vieler vor Augen haben sollten, können.

Eine jener Frauen, die mich in den vergangenen Jahren stark geprägt hat, war Gertrude Pressburger – der breiten Öffentlichkeit als „Frau Gertrude" bekannt. Jene 93 Jahre alte Holocaust-Überlebende aus Wien, die sich im Jahr 2016 in der entscheidenden Phase des Bundespräsidenten-Wahlkampfes mit einem viel geteilten Video zu Wort meldete und darin vor einer Politik warnte, *„die das Niedrigste und nicht das Anständige aus den Menschen herausholt"*. Ich lernte Gertrude bereits kurz vor ihrem öffentlichen Auftritt auf einer Veranstaltung kennen. Wir kamen ins Gespräch und haben uns seither immer wieder getroffen. Gertrude und ich sind Freunde geworden. Ihre Worte haben mich wie viele andere auch sehr bewegt. Und es wäre jetzt ein Leichtes, ihre Worte zu nehmen und damit auf aktive Politikerinnen und Politiker hinzuweisen. Ich glaube, Gertrudes Worte gelten auch mir und uns allen.

Auch eine kirchliche Hilfsorganisation ist nicht unfehlbar. Auch wir können irren. Wenn unsere Kritik pauschal ist oder überzogen, wenn wir zu moralisierend auftreten, wenn wir bestehende Fronten verhärten, statt aufeinander zuzugehen. Ich nehme für unsere Organisation in Anspruch, dass uns diese Gratwanderung in der Regel gut gelingt. Doch auch uns – und mir persönlich – können Fehler passieren. An zwei erinnere ich mich konkret.

Als sich im Frühjahr 2015 das bisher größte Flüchtlingsunglück im Mittelmeer ereignete, ein Boot mit mehr als 700 Menschen vor Lampedusa kenterte und innerhalb von nur zehn Tagen mehr als 1.000 Menschen an der südlichen EU-Außengrenze starben, sah ich rot. Wie so viele andere Menschen auch war ich entsetzt und fassungslos. Ich fasste kurzerhand den Entschluss, eine Gedenkveranstaltung am Minoritenplatz in der Wiener Innenstadt zu organisieren. Gemeinsam mit mehreren Hilfs- und Menschenrechtsorganisationen luden wir zu einer „stillen Kundgebung" auf den Platz zwischen Innen- und Außenministerium. Über 4.000 Menschen versammelten sich, Bundespräsident Heinz Fischer hielt eine Rede, die gesamte Bundesregierung nahm teil. Gemeinsam mit der Journalistin Corinna Milborn moderierte ich diese Trauerfeier. Ich erinnere mich, als wäre es gestern gewesen: an den Stress. An die Emotionen. Die Bühne musste in kürzester Zeit organisiert werden, ein Programm gestaltet, die Veranstaltung angemeldet und die Rednerliste abgestimmt werden. Besonders wichtig war mir damals, dass auch möglichst viele Politikerinnen und Politiker vor Ort waren. <u>Sie sollten sehen und hören, spüren und fühlen, dass es uns nicht egal sein kann, wenn tausende Menschen im Meer vor den Toren</u>

Europas ertrinken und wenn jenes Meer, an dem wir im Sommer so gerne unsere Urlaube verbringen, von Woche zu Woche mehr zu einem Massengrab wurde. Als Corinna Milborn und ich die Bühne betraten, sah ich tausende Menschen dicht gedrängt auf dem Platz. Nicht nur die Trauer, auch die Empörung der Anwesenden war groß, meine eigene Empörung war vielleicht noch größer. Noch nie hatte ich vor so vielen Menschen gesprochen und so redete ich mich in Rage. Ich sprach von einer „Schande für Europa", von der Verantwortung der österreichischen Bundesregierung, die mitschuldig sei, die das Massensterben im Mittelmeer nun endlich beenden müsse. In der Menge sah ich an einer Stelle meinen kleinen Sohn, der mir auf den Schultern meines Bruders zulächelte und winkte. Weiter hinten im Publikum die politischen Spitzen der Republik mit gesenkten Köpfen und betroffenem Blick. Meine Worte ließen keinen Zweifel: Die Politik – auch jene unserer Regierung – traf Schuld. So still, wie es auf der Einladung der Veranstaltung geschrieben stand, lief die Kundgebung jedenfalls nicht ab.

Ich fand mit wenigen Worten Schuldige. So war es auch gewesen, als ich die Spitzen der Wiener Stadtregierung und der Wiener Polizei Jahre zuvor persönlich zur Verantwortung zog, weil obdachlose Menschen in einer Nacht-und-Nebel-Aktion aus dem Wiener Stadtpark vertrieben wurden. Ihr ganzes Hab und Gut entsorgt. Obdachlose Menschen auf Basis einer schwindligen Verordnung aus dem Sichtfeld der Öffentlichkeit verbannt. Auch damals ließ ich wenig Zweifel daran, wer diese Räumung zu verantworten hatte – auch damals stellte ich aus meiner Sicht zwar nachvollziehbare, aber auch kompromisslose Forderungen, die sicherstellen sollten, dass eine solche Räumung fortan nicht mehr möglich ist.

Ich habe bei diesen Gelegenheiten Konflikte gesucht und dabei die Suche nach Kompromissen und Dialogen aus dem Blick verloren. Das sind Momente, die mir nachträglich leidtun. Weil ich mich am Minoritenplatz und damals im Stadtpark plötzlich außerstande sah, noch den Menschen hinter dem Politiker oder hinter der Politikerin zu sehen. Weil ich in diesen speziellen Situationen vermutlich das Meine dazu beigetragen habe, diese Menschen in eine Ecke zu drängen, in der sie sich selbst nicht nur nicht sahen, sondern aus der sie sich in weiterer Folge vielleicht auch umso schwerer wieder befreien konnten. Ich habe mich an der einen oder anderen Stelle verhärtet, statt im Gespräch zu bleiben. Ganz einfach, weil ich die Erfahrung gemacht habe, dass es im gut geölten Politikbetrieb in der Regel nur zwei Wege gibt, sein Ziel zu erreichen: durch Kampagnisieren oder Antichambrieren. Durch Dialog – oft auch abseits der Öffentlichkeit. Und erst, wenn dieser Weg nicht zum Ziel führt – mit massivem, hartnäckigem und öffentlichem Druck. Doch ich habe gelernt: Druck kann ich auch aufbauen, ohne dass das Gegenüber dabei das Gesicht verlieren muss.

Wenn wir uns eine Politik wünschen, die das Freund-Feind-Denken überwindet und das Gemeinsame vor das Trennende stellt, dann muss dieses Prinzip auch für uns gelten – für die Zivilgesellschaft, für uns alle. Vielleicht wäre es ein Anfang, sich wechselseitig nicht von vorneherein den guten Willen abzusprechen. Dem Gegenüber zuzugestehen, dass er oder sie – bei allem, was einen ideologisch voneinander unterscheiden mag – auch an Lösungen interessiert ist. Raus aus der Dauerempörung, rein in mehr Gelassenheit und Verständnis. Dort die Bösen und hier die Guten – das geht sich nicht aus. Vielleicht habe ich dieses Bild in der Vergangenheit das eine oder andere Mal zu oft gezeichnet. Und vielleicht ist es mir nicht immer gelungen, unserem Grundsatz, das Gegenüber nie persönlich mit unserer Kritik zu adressieren, treu zu bleiben. Hart in der Sache, aber nicht persönlich.

Ich bin überzeugt: Wir brauchen ein neues Miteinander in Gesellschaft und Politik, das den Wert des Kompromisses mit neuem Leben füllt. Kein Zurück zu Proporz und Kammernstaat. Aber ein Zurück zu einer Haltung des wechselseitigen Respekts. Mehr Toleranz vor der Meinung des Anderen, auch wenn ich sie nicht teile. Zurück zu einer Politik, die nicht das Niedrigste, sondern das Anständige aus den Menschen herausholt; die die Bereitschaft zum Dialog nicht aus dem Blick verliert; die Vielfalt und Vielstimmigkeit als Stärke zu nutzen weiß. Eine Politik, die die Antworten auf aktuelle Herausforderungen nicht allein in der

Vergangenheit sucht, die Visionen entwickelt anstatt alte Rezepte aufzuwärmen. Zurück zu einer Sprache, die uns nicht in ein „Wir" und „die Anderen" unterteilt. Die das Gute in der Gesellschaft nährt und damit den Boden bereitet für eine Kultur der Achtsamkeit und der Solidarität. Kein Schüren von Ängsten, sondern eine Politik, die Hoffnung macht und Zuversicht stärkt. Raus aus den Echokammern, rein ins Gespräch!

Wer auf andere zugeht, kommt ans Ziel. Es mag nicht immer der kürzeste Weg sein, dafür aber ein Weg, der breit getragen wird. Das ist in einer gelingenden Beziehung zwischen zwei Menschen nicht anders als in zukunftsfähigen Gesellschaften insgesamt. In Österreich. In Europa. Und auch im weltweiten Kontext. Wenn es um die Bekämpfung von Armut geht. Um Flucht und Migration. Oder dann, wenn wir nach der Pandemie auch die Klimakrise in den Griff bekommen müssen.

Zukunftsfähig sind wir nur, wenn wir gemeinsame Ziele weiterhin außer Streit stellen und uns darauf einigen können, wofür sich der gemeinsame Einsatz bei aller Unterschiedlichkeit lohnt. Das ist kein Appell, der sich nur an „die da oben" richtet – er richtet sich an uns alle: An dich. An mich. Wenn ich zuerst die Frage stelle, was mich mit meinem Gegenüber eint – und erst dann, was mich von ihm unterscheidet. Wenn ich versuche, meinen Nächsten richtig zu verstehen anstatt, ihn bewusst falsch zu interpretieren. Brücken dort zu schlagen, wo andere tiefe Gräben ziehen. Wenn wir weiterhin querdenken, ohne dadurch zu Querdenkern zu werden. Kritisch bleiben. Mutig. Mit wachen Augen und einem weiten Herzen. Wie können wir die unteilbare Würde jedes einzelnen Menschen wieder außer Streit stellen? Warum ist es so schwer zu verstehen, dass Menschenrechte ausnahmslos für alle Menschen gelten? Und welche Verantwortung trage ich – tragen wir alle? Die Zukunft, von der wir träumen, wird gestaltet – nicht nur in den Parlamenten und Regierungssitzen, nicht nur alle Jahre wieder an der Wahlurne, sondern Tag für Tag. Wir haben Tag für Tag die Wahl. Die Wahl, uns von Neuem zu entscheiden, aufeinander zuzugehen und die Welt zu einem besseren Ort zu machen.

Der Leiter der Erstaufnahmestelle Ost des Innenministeriums in Traiskirchen hat es mir im Übrigen bis heute nicht verziehen, dass ich die Bilder aus dem Inneren des Lagers öffentlich gemacht habe. Ich hatte gehofft, dass er meinen Schritt mit zeitlichem Abstand würde nachvollziehen können. Dass auch er rückblickend sieht, dass er – bei allem persönlichen Einsatz und Engagement – zu diesem Zeitpunkt eben nur ein kleines Rad in einem nicht mehr funktionierenden Getriebe war. Nicht Traiskirchen war damals das Problem, sondern der Unwille und die fehlende Bereitschaft von Bund und Ländern, Menschen auch menschenwürdig unterzubringen. Mein Versuch, mich ihm Wochen nach meinem Besuch zu erklären und ihm darzulegen, warum ich tun musste, was ich tat, misslang. Er wollte und konnte mir nicht verzeihen. In seinem kurze Zeit später erschienenen Buch arbeitete er sich an der Caritas, vor allem aber an mir und auch an anderen Hilfsorganisationen ab. Dass die Aussprache nicht gelang, tut mir zwar leid, aber dennoch bereue ich den Schritt von damals nicht. Er ist mir nicht leichtgefallen, trotzdem war er notwendig. Nachdem der Bericht und die Bilder in der Welt waren, nahm die politische Debatte endlich Fahrt auf. Freiwillige Initiativen entstanden. Essen wurde verteilt, Kleidung gesammelt, die medizinische Versorgung wurde ausgebaut. Die Bundesregierung installierte mit Christian Konrad einen eigenen Flüchtlingskoordinator, der mit seinem Team in kurzer Zeit viel voranbrachte und zusätzliche Quartiere organisierte.

Mit Aleyna, einer jungen syrischen Frau, die ich in Traiskirchen kennengelernt habe, habe ich bis heute ein wenig Kontakt. Ich begegnete ihr und ihrem Baby damals auf der Krankenstation in Traiskirchen. Unter Tränen erzählte sie dem Kardinal und mir vom Krieg, von den Toten und von ihrer Flucht über das Mittelmeer. Sie sprach von tagelangen Fußmärschen durch Mazedonien, von kalten Nächten in serbischen Wäldern und von Verhaftungen in Ungarn. Sie wurde von ihrem Mann getrennt. Aleyna und ihr Mann leben heute in Graz, sie haben ein zweites Kind bekommen, sie vermissen ihre Heimat bis heute, aber sind glücklich über ein Leben in Sicherheit hier in Österreich. Über ihre Zeit in Traiskirchen möchten sie heute nicht mehr sprechen.

KaP!

tel 03

Von Höhen und Tiefen – Meine Kindheit, und warum die eigenen Krisen immer am meisten wehtun

Ich hatte eine schöne Kindheit! Meine Eltern sind in eher bescheidenen Verhältnissen aufgewachsen, meine Großeltern mütterlicherseits kamen aus einer klassischen Arbeiterschicht. Opa war Bauarbeiter, Oma arbeitete als Näherin. Die Eltern meines Vaters trennten sich, als er noch sehr klein war, meine Oma väterlicherseits kämpfte sich in der Nachkriegszeit durch, als es Alleinerziehende noch einmal deutlich schwerer hatten als heute. Immer wieder erzählte mein Vater, dass er gerne studiert hätte, aber er gleich nach der HTL-Matura zu arbeiten beginnen musste, um Geld zu verdienen. Meine Mutter erzählte mir einmal, dass sie jeden Sommer bei der Verwandtschaft in Ritzing im Burgenland die Ferien verbrachte. Als sie ihre Mutter, also meine Oma, irgendwann einmal ziemlich vorwurfsvoll fragte, warum sie denn immer nur dort sein musste und nie Opas Heimatort in Deutschland besuchten, antwortete ihr Oma unter Tränen: *„Wie hätten wir uns das denn leisten sollen? Geld für Urlaub, das war bei uns schlicht nicht drin."* Auch wenn das Geld knapp war, hatte gerade der Zusammenhalt schon in den Familien meiner Eltern einen unglaublich hohen Stellenwert – das haben mir meine Eltern und meine Großeltern stark mitgegeben.

Meinen drei Geschwistern und mir fehlte es an nichts. Wir wuchsen in Liebe, Sicherheit und Geborgenheit auf. Mein Papa arbeitete als Projektingenieur hart und viel, meine Mama schupfte den Haushalt, uns Kinder und zusätzlich unterrichtete sie einmal pro Woche an der Universität am Institut für Dolmetschen zuerst Maschinschreiben, später dann Textverarbeitung. Sie gönnten sich wenig und lebten sehr sparsam, damit es uns Kindern an nichts mangelte. Beim Hausbau halfen alle zusammen, besonders die Verwandtschaft aus dem Burgenland rückte an, um etwa die Mauern selbst zu verputzen. Mein Opa betonierte die Kellerstiege und meine Eltern und mein großer Bruder Robby zogen 1975, ein Jahr vor meiner Geburt, auf eine Baustelle. Anfangs musste viel improvisiert werden, zum Beispiel bauten sie aus alten Büroschreibtischen die Küchenschränke, auch mein Kleiderkasten war jahrelang ein alter hässlicher Büroschrank, den ich mit vielen Pickerln und Zeichnungen beklebte.

Was ich von frühester Kindheit an erleben durfte, war eine unvorstellbare Gastfreundschaft und ein Haus der offenen Türen und Töpfe. Das war meinen Eltern wichtig und wir Kinder nahmen das als Selbstverständlichkeit wahr. Bis heute steht bei ihnen im Wohnzimmer ein großer, schwerer Esstisch aus Holz, der auf beiden Seiten ausziehbar ist. Zumindest eine der Verlängerungen dieses Tisches war immer ausgezogen, regelmäßig wurden Freundinnen und Freunde, Nachbarn, Bekannte, Verwandtschaft oder Geschäftspartner von Papa willkommen geheißen. Und je nach Bedarf wurde eben zusammengerückt, der Tisch verlängert und Sessel und Hocker herbeigeschafft. Oft saßen wir Kinder dicht gedrängt auf der Eckbank zusammen, die Gartensessel und sogar das Klavierstockerl wurden aufgestellt, aber wenn es darauf ankam, fand sich immer noch ein weiterer Platz und ein zusätzlicher Teller. Als meine um dreieinhalb Jahre jüngere Schwester Ulli geboren wurde, nahmen meine Eltern meine ältere Schwester praktisch gleichzeitig als Pflegekind auf. Ruth war damals zwölf Jahre alt und ich bekam auf einen Schlag zwei Schwestern – eine ältere und eine jüngere. Gemeinsam mit Robby waren wir also zu viert bzw. zu sechst mit Mama und Papa.

Schon in frühen Jahren hatte ich ein stark ausgeprägtes Unrechtsbewusstsein. Ich spürte, wenn etwas gerecht oder eben ungerecht war. Das war nicht immer leicht. Ich war als Kind rasch sehr beleidigt oder kränkte mich über Kleinigkeiten – und auch lange. Es gab drei spezielle Plätze, wo ich mich gerne verkroch, wenn ich das Gefühl hatte, jemand lacht mich aus, verhält sich unfair, ist gemein zu mir oder verdreht gerade irgendeine Sache, die sich aus meiner Sicht ganz anders zugetragen hatte. Wenn ich mich in diesen Situationen unsicher fühlte, war mein „Leo Nummer eins" ein kleines Versteck in der Ecke unserer Sitzbank im Wohnzimmer. Manchmal versteckte ich mich auch in meinem Kleiderkasten und machte geschickt von innen die Türen zu. Ich erinnere mich daran, als wäre es gestern gewesen, wie ich allein zusammengekauert am Boden im Dunkeln saß und darauf wartete, irgendwann endlich gefunden oder in meiner Kindheitsvorstellung vielleicht sogar gerettet und getröstet zu werden. Später war es meistens das Zimmer meiner älteren Schwester, wo ich Zuflucht suchte. Dort waren meine kleine Schwester und ich im Paradies, durften stundenlang oben auf dem Kasten sitzen, uns in der Bettzeuglade verstecken und mit ihrem damals ganz neuen Walkman, bei dem wir die Kassetten noch mit einem Bleistift zurückspulten, damit nicht so viel Batterie verbraucht wurde, den Beatles oder Wolfgang Ambros lauschen, riesige Plakate bemalen oder mit ihrer Gitarre selbst Musik machen. Oft zogen wir uns dorthin zurück, wenn wir zuvor Streit hatten oder die Eltern mit uns schimpften.

Ich war ein sehr schüchternes Kind. Still, unsicher, zögerlich. Allein der Gedanke, bei Freunden am Festnetz anzurufen und nicht zu wissen, wer dort an den Apparat ginge, stresste enorm. Nicht nur einmal musste ich mir von meinen Eltern, aber auch von den älteren Geschwistern anhören, dass ich endlich selbstständiger werden sollte. Im Zweifelsfall verzichtete ich sogar lieber darauf, zu fragen, ob ein Freund zu Besuch kommen dürfe, um mich nicht diesem Druck des Telefonieren-Müssens aussetzen zu müssen. Obwohl ich in der Volksschule zu den besten Schülern in der Klasse zählte, gab es auch dort für mich schlimme Stresssituationen. Es waren definitiv jene Tage, an denen ich ein Referat vorzutragen hatte, gleich gefolgt von Gedichten auswendig lernen zu müssen. Manchmal führte das zu heftigem Streit mit meiner Mama. Es war mir schrecklich unangenehm, allein die Vorstellung der bevorstehenden Situation versetzte mich in Panik und in tiefe Scham. Manchmal steigerte ich mich so hinein, dass ich am Abend davor bitterlich weinte und gar nicht zu beruhigen war. Am Morgen schleppte ich mich irgendwie in die Schule. Stand ich dann vorne bei der Tafel, wurde ich den Eindruck nicht los, dass meine Stimme versagte, ich vor lauter Nervosität viel zu schnell redete (was ziemlich sicher so war). Ich stand mit zittrigen Knien vor der Klasse und versuchte, mein Gesicht hinter den großen Zetteln zu verbergen. Ich suchte Halt und fand ihn kaum. Ob es tatsächlich so schrecklich war oder sich für mich nur so anfühlte, weiß ich rückblickend nicht mehr.

Mein Freizeitprogramm war aber vielfältig, bei den Pfadfindern verbrachte ich viel Zeit im Wald mit Freunden und war sehr ehrgeizig, die Erprobungskarte mit all den unterschiedlichen Aufgaben zu erfüllen: Knoten lernen, Tierspuren, Karte und Kompass lesen. Ich sammelte Sterne, Abzeichen und Auszeichnungen. Am nahegelegenen Spielplatz spielten wir mit Kindern aus der Nachbarschaft jede freie Minute Fußball und ich lernte in der Volksschulzeit zuerst Flöte, dann Klavier.

Mit dem Alter kam das Selbstbewusstsein. Ich wurde frech und übermütig und verliebte mich in der 4. Klasse

Gymnasium auf der Sportwoche in St. Wolfgang Hals über Kopf in Julia. Ich erinnere mich an jede noch so kleine Geste von ihr. An jedes Lächeln. An jeden Blick. Den ersten Kuss. Dass Julia einmal auf einigen Umwegen meine heutige Frau und Mutter meiner Kinder werden sollte, ahnte ich damals natürlich noch nicht.

Im Gymnasium gehörte ich weder zu den Besten, noch lief ich Gefahr, eine Klasse wiederholen zu müssen. Ich nutzte die Bandbreite an Noten von „Sehr gut" bis „Nicht genügend" so aus, dass es nie wirklich brenzlig wurde.

Wir hatten damals einen Deutschlehrer, der unserer Wahrnehmung nach Mitschüler und Mitschülerinnen, die ihm nicht zu Gesicht standen, schlicht sehr unfair behandelte. Ich selbst hatte Glück und blieb im Großen und Ganzen verschont – Deutsch war ein Fach, in dem ich mich stets sicher fühlte und gut zurechtkam. Für einige meiner Schulkolleginnen und -kollegen allerdings wurde die unfaire Behandlung zunehmend unerträglich. Wir beschlossen, diese offensichtlichen Ungerechtigkeiten nicht mehr hinzunehmen, und begannen, die Ereignisse zu dokumentieren. Als Klassensprecher suchte ich gemeinsam mit meiner Stellvertreterin immer wieder das Gespräch mit der Direktorin. Aber die Gespräche änderten nichts. Irgendwann forderten wir einen Termin mit dem Landesschulinspektor ein – das verlangte all unseren Mut und unser Selbstbewusstsein. Eine gute halbe Stunde lauschte der Inspektor meinen

Erzählungen, fragte ab und zu nach, ohne eine Miene zu verziehen. Am Ende des Gesprächs bat er mich, ihm meine handgeschriebenen Notizen zu übergeben. Ich zögerte, schob das Stück Papier dann aber doch über den Tisch. Wir verabschiedeten uns just in dem Moment, als von außen die Türschnalle hinuntergedrückt wurde und unser Deutschlehrer direkt vor uns stand. Eine für uns alle äußerst unangenehme Situation.

Danach passierte genau gar nichts. Wochenlang bekamen wir keinerlei Information und blieben im Ungewissen, ob unser Vorstoß gewirkt hatte. Dann die große Überraschung: Am ersten Tag nach den Semesterferien verkündete unser Klassenvorstand, dass wir aufgrund einer Stundenplanverschiebung ab sofort einen neuen Deutschlehrer bekämen. Wir jubelten. Und ich fühlte mich kurze Zeit wie ein wahrer Held.

Schnell wurde mir jedoch bewusst, dass sich das „Problem" nur verschoben hatte, denn ab sofort mussten sich andere Kinder mit den Ungerechtigkeiten unseres alten Lehrers herumschlagen. Warum ich dieses Ereignis hier so ausführlich erzähle? Weil es in meiner Erinnerung das erste Mal war, dass ich eine Ungerechtigkeit nicht einfach nur so hinnahm, mich nicht wie damals als kleines Kind in meiner Ecke unter dem Esstisch verkroch, sondern dagegen ankämpfte, meinen Mut zusammennahm und mich hartnäckig für eine Verbesserung einsetzte. Im Rückblick erzählte ich noch Jahre später gerne diese Geschichte, aber war es nicht

auch ein bisschen selbstverliebt, wie ich mich darin
– je öfter ich sie erzählte – als Retter meiner Klassenkollegen darstellte? Es fühlte sich für mich jedenfalls
so an. Immer wieder bedankten sich speziell jene
Mitschülerinnen und Mitschüler bei mir, die von dem
Lehrer gepiesackt wurden, die nicht mehr den subjektiv verletzenden Ungerechtigkeiten ausgesetzt waren.
Aber immer wieder plagten mich auch Selbstzweifel,
ob der Wechsel des Deutschlehrers vielleicht sogar nur
ein vermeintlicher Erfolg für unsere Klasse, ein egoistischer war. Und hatte ich eigentlich jemals hinterfragt,
warum der Deutschlehrer so agierte, wie wir es leidvoll
erlebten? Hatten wir das Gespräch mit ihm ausreichend
oft gesucht? Ich denke schon. Vermutlich war er kein
schlechter Mensch, aber gänzlich ungeeignet für den
Lehrberuf und die Arbeit mit Kindern und Jugendlichen. Meiner Erinnerung nach setzte ich mich damals
erstmals wissentlich, wohlüberlegt und mit einem
eigenen Plan für andere ein. Ich merkte, dass mich das
fesselte, starke Emotionen in mir auslöste: Empörung,
Wut, Tatendrang und Energie, und ich fand gleichzeitig
Gefallen daran, für andere da zu sein, Verantwortung
zu übernehmen, für Rechte zu kämpfen – obwohl oder
gerade weil es Mut und Überwindung kostete.

Meine Erinnerungen an die Schulzeit sind vorwiegend positiv. Meine große Lebenskrise sollte erst nach
der Matura kommen. Seit ich mich erinnern konnte,
gab es, einmal abgesehen von der Kindergartenzeit,
als ich Feuerwehrmann und dann Müllmann werden

wollte, schon sehr bald in meiner Jugend nur einen einzigen Traumberuf für mich: Ich wollte unter allen Umständen Kinderarzt werden. Woher dieser Wunsch kam, weiß ich bis heute nicht. Vielleicht, weil meine Oma immer davon erzählte, dass sie so gerne Ärztin geworden wäre, aber das Medizinstudium vor der Pathologieprüfung beenden musste und sie schließlich Lehrerin wurde. Vielleicht weil ich gerne einen Beruf mit Kindern ausüben wollte. Vielleicht auch, weil ich schon früh bemerkte, dass dieser von mir ausgesprochene Berufswunsch bei den meisten Menschen zustimmende Worte und positive Reaktionen auslöste. Vielleicht spielte in meinen Überlegungen auch der Umstand eine Rolle, dass ich zu den allermeisten Studien kein klares Berufsbild hatte. Am Ende eines Medizinstudiums würde ich als Arzt arbeiten, einer der angesehensten Berufe in unserer Gesellschaft, so einfach, so unkompliziert – oder eben doch nicht. Ich hinterfragte weder die genauen Inhalte des Studiums noch die Dauer und die Dimension einzelner Prüfungen. Kurzum: Ich wusste reichlich wenig über das Medizinstudium, als ich mich im Herbst 1995 an der Universität Wien in einer langen Schlange anstellte, um zu inskribieren. In den ersten Tagen noch hochmotiviert, kam bald die große Ernüchterung. Etliche der Vortragenden begrüßten uns bereits in den ersten Tagen mit den Worten: *„Herzlich willkommen heißen möchte ich vor allem jene 50 Prozent, die in einigen Monaten nicht mehr bei uns sein werden, weil sie das Studium gewechselt oder schlicht aufgegeben haben."*

Die ersten Prüfungen wurden zum Spießrutenlauf für mich, wobei ich zielsicher alle Hürden – Chemie, Physik, Anatomie, Histologie und all die anderen Fächer – beim ersten Anlauf umrannte und es beim zweiten oder dritten Mal irgendwie schaffte, das Hindernis knapp zu nehmen und dabei nicht zu Sturz zu kommen. Ich erlitt als Medizinstudent Rückschlag um Rückschlag. Es war anstrengend, oft sehr frustrierend. Ich konnte mich nur ganz schwer motivieren, wochenlang für eine Prüfung zu lernen, war nicht diszipliniert und konsequent genug. Laufend verschob ich Prüfungstermine und mit jeder nicht bestandenen Prüfung wurde die Verzweiflung größer und größer. Ich fühlte mich schlecht, ich fühlte mich als Versager vor mir und vor den Menschen, die mir wichtig waren. Ich fand den richtigen Weg und die richtige Ausrüstung nicht, um diesen sich vor mir aufbäumenden und unbezwingbaren Berg zu erklimmen. Der Stress wurde immer belastender, eine Gastritis nach der anderen waren meine schmerzhaften und ständigen Wegbegleiter in dieser Zeit. Das führte letztlich zu einer schweren Phase der Ratlosigkeit und Depression. Ich verkrampfte mich immer mehr, suchte ständig nach Auswegen und alternativen Ausbildungsmöglichkeiten, ich war wie gefangen in meinen Ängsten und konnte weder vor noch zurück. Das dunkle Loch, in das ich fiel, wurde immer größer und tiefer, zog mich nach unten. Meine große Lebensfreude war Zukunftsängsten gewichen. Ich aß nur noch unregelmäßig, verlor stark an Gewicht, rauchte umso mehr und versuchte, meine Ausweglosigkeit immer wieder mit dem einen oder anderen Rausch zumindest ein wenig zu betäuben – ohne Erfolg.

Die Angst zu versagen, irgendjemanden in meinem Umfeld, vor allem meine Eltern, zu enttäuschen und das selbstgesteckte Ziel, in das ich mich so verrannt hatte, nicht zu erreichen, fraßen mich von Woche zu Woche mehr auf. Es gab dann diesen Moment, wo ich über den Büchern am Schreibtisch zusammenbrach, nur noch weinte und mich nicht mehr beruhigen konnte. Nichts machte mehr Sinn. Ich war erwachsen und doch ein Kind, zerrissen und verzweifelt. Meine Mutter wusste sich nicht mehr zu helfen, schnappte mich und brachte mich kurzerhand zum Arzt. Als ich dort zitternd auf einer kalten Krankenliege hinter einem Plastikvorhang lag, an eine Infusion angehängt wurde und darauf wartete, dass das Beruhigungs- und Entspannungsmittel in meine Vene floss und zu wirken begann, wurde mir klar: So konnte es nicht weitergehen.

Bis ich mich zu einer echten Veränderung durchringen konnte, sollte es noch mehrere Monate dauern. Ich entschied mich zunächst für einen Zwischenschritt. Ich meldete mich zum Zivildienst an, begann mit Autogenem Training, trennte mich von meiner damaligen Freundin und versuchte Stück für Stück mein Leben neu zu ordnen. Kurz nach der Matura begann ich bereits als Freiwilliger beim Roten Kreuz, die Arbeit als Sanitäter, die Einsätze, der Teamspirit, die Ungewissheit, was einen nach der Alarmierung erwarten würde, vermutlich auch das Adrenalin faszinierten mich. Oft waren es aber auch die für Kollegen langweiligen Krankentransporte, die mir nicht nur wegen des Trinkgelds, sondern vor allem wegen der spannenden Gespräche mit mir unbekannten Menschen gefielen.

Ich sah Menschen sterben, andere zur Welt kommen. Die Aufgabe machte Sinn und sie machte mir großen Spaß. Für mich bedeutete der Zivildienst vor allem wieder einen geregelten Tagesablauf, viel Kontakt mit unterschiedlichsten Menschen zu haben, Abwechslung und das Gefühl, gebraucht zu werden. Und das war ein gutes Gefühl. In dieser Zeit kreuzten sich wieder die Wege mit meiner Jugendliebe Julia. Nachdem wir uns kurz nach der Matura nach über vier Jahren Beziehung getrennt hatten, verloren wir uns fast ganz aus den Augen. Sie hatte mittlerweile einen kleinen Sohn, Moritz, und setzte ihre Ausbildung als Volksschullehrerin nur kurze Zeit wegen der Schwangerschaft aus. Wir waren älter geworden, aber doch noch sehr jung. Bald zogen wir zusammen, waren eine kleine, glückliche Patchworkfamilie mit etlichen Herausforderungen. Das Geld war knapp, aber wir hielten uns mit verschiedensten Studentenjobs und dank der Unterstützung unserer Eltern gut über Wasser, waren unternehmungslustig und vor allem eines: wild, jung und sehr verliebt.

Die Wochen und Monate beim Zivildienst vergingen wie im Flug und ich bewarb mich schließlich auf zwei unterschiedlichen Fachhochschulen, einmal Sozialmanagement in Wien und einmal Gesundheitsmanagement in Krems, wurde bei beiden aufgenommen und stand erst recht wieder vor dem Dilemma, eine Entscheidung treffen zu müssen. Ich zögerte sie auch diesmal bis zum spätestmöglichen Zeitpunkt hinaus, wartete bis zum letzten Tag der Anmeldefrist, warf zwar dann keine Münze, aber beinahe wäre es sogar dazu gekommen. Ich begann in Krems zu studieren, in freundlicher Umgebung, gemeinsam mit jungen Studienkolleginnen und -kollegen. Alles klein und überschaubar. Das tat mir gut.

Während des Zivildienstes startete ich ein intensives Sportprogramm, zuerst packte mich das Mountainbike-Fieber, dann entdeckte ich zusätzlich das Laufen und Rennradfahren für mich. Ich meldete mich gemeinsam mit Freunden zu Hobbyrennen an. Die Distanzen wurden länger, die Höhenmeter mehr, die Begeisterung nahm zu. Irgendwann fasste ich den Entschluss, mich bei einer Trophy im Salzkammergut anzumelden. Nicht ohne Grund nannten die Veranstalter diese Strecke „Einmal Hölle und zurück", denn mit 220 Kilometern und 7.000 Höhenmetern, die mit dem Mountainbike an einem Tag zurückzulegen waren, wurde das Rennen tatsächlich zu einer Tortur. Ein ganzes Jahr lang bereitete ich mich intensiv auf diesen Tag vor – körperlich wie mental. Ich fühlte mich fit und bereit, und dennoch hatte ich großen Respekt. Um fünf Uhr morgens beim Start war es noch ziemlich kühl und dunkel. Mein Anspruch an mich war keine spezielle Platzierung, vielmehr wollte ich die vorgegebenen Zeitlimits schaffen, um abends erfolgreich über die Ziellinie im Ortszentrum zu rollen. Das harte Training hatte sich ausgezahlt und die erste Hälfte des Rennens fühlte ich mich gut, doch je länger das Rennen dauerte, desto härter wurden die Strapazen. Das Gesäß schmerzte vom ewigen Sitzen, die Beinmuskulatur krampfte sich immer wieder schmerzhaft zusammen, und am späten Nachmittag auf einem kurzen Asphaltstück bergab merkte ich, dass ich extrem aufpassen musste, um nicht in Sekundenschlaf zu fallen und zu Sturz zu kommen. Es war eine Grenzerfahrung, ich erlebte an diesem Tag Momente, die tiefer nicht sein hätten können. Je länger das Rennen dauerte, desto schmerzhafter wurden die Anstiege, ich dachte mehrmals ans Aufgeben, aber wenn ich mich besonders erschöpft und ausgelaugt fühlte, sagte ich mir einen Satz vor, den ich mir ein Jahr lang immer und immer wieder beim Autogenen Training vorgesprochen hatte: „Ich schaffe das, ich schaffe das, ich schaffe das." Klingt banal, aber ich konnte dadurch unvorstellbare Kräfte und Energiereserven mobilisieren, die mich voran, bergauf und bergab brachten. Bei der Labestation nach dem letzten Anstieg dürfte ich so erschöpft gewesen sein, dass mich jemand vom Organisationsteam zu einer Bank führte, mir warme Suppe mit dem Löffel eingab und mir dabei half, wieder aufs Rad zu steigen. Als ich schließlich nach mehr als 15 Stunden Fahrzeit bereits in der Abenddämmerung über die Ziellinie im Ortszentrum von Bad Goisern rollte, war ich überglücklich und murmelte leise zu mir selbst: „Ich hab's geschafft." Oft habe ich an diesen Tag zurückgedacht. Niemand anderem als mir selbst hatte ich etwas beweisen wollen. Es war für mich viel mehr als eine scheinbar unüberwindbare Strecke und ein langes Rennen. Ich konnte Selbstzweifel und Ängste hinter mir lassen, bemerkte, welche Energie in mir steckte und mich zu einem Duracell-Hasen werden lassen konnte. Nicht nur, wenn ich mit den Fahrradschuhen in den Clips meiner Pedale stecke und stundenlang strample, sondern auch in ganz anderen Situationen und Lebenslagen.

Verglichen mit dem Leid, das viele Menschen durchmachen, denen ich im Caritas-Alltag begegne, waren meine Lebenskrisen, meine Löcher, in die ich fiel, nicht der Rede wert. Allein sie in Relation zu setzen fühlt sich falsch an. Wenn ich an die Mütter denke, die mir im Südsudan unter Tränen berichteten, dass sie ihren Kindern nicht ausreichend zu essen geben können. Wenn ich an all die alten, pflegebedürftigen Menschen denke, die ich in der Ostukraine besuchte, die allein in ihren desolaten, kalten Häusern sitzen, eingepackt in Jacken und Decken, frieren und erzählen, dass sie nicht wissen, wie sie sich das Brennholz für den nahen Winter leisten sollen. Wenn mir die obdachlosen Menschen auf Wiens Straßen in den Sinn kommen, die schildern, wie hart das Leben auf der Straße ist und wie viel Stress allein die Tatsache auslöst, nicht zu wissen, wo man die nächste Nacht verbringen kann. Wenn sich Eltern bei mir melden, weil sie für ihr behindertes Kind keinen passenden Schulplatz finden oder große Angst davor haben, was einmal sein wird, wenn sie nicht mehr sind. Wenn ich an die vielen Kinder im Flüchtlingslager Moria auf Lesbos denke, die im Dreck leben müssen und nicht in die Schule dürfen. Wenn ich an all das denke, dann fühlen sich meine Krisen plötzlich nichtig und klein an. Doch vermutlich – und das zeigt mir auch meine Arbeit immer wieder – sind die eigenen Krisen immer die größten. Was ich persönlich für mich mitgenommen habe, ist, dass ich verdammt viel Glück gehabt habe, dass sich die Dinge immer irgendwie gefügt haben, dass alles in meinem Leben bisher gut ausgegangen ist. Und ich habe gelernt: Egal ob es Ungerechtigkeiten sind, die mich in der Vergangenheit selbst betroffen haben oder die andere Menschen leiden lassen – diese Ungerechtigkeiten lösen in mir unvorstellbare Kräfte aus. Ich entwickle dann eine Energie und ein Tempo. Andererseits beobachtete ich immer wieder, wie ich mein Umfeld dabei irritiere, überrenne oder verunsichert zurücklasse. Den Kopf unter dem Polster zu verstecken oder mich zu verkriechen, das habe ich als Kind oft gemacht. Das liegt hinter mir. Heute folge ich vielleicht öfter dem Credo, mit dem Kopf durch die Wand zu wollen. Immer in der Überzeugung, dass wir zwar nicht alles zum Positiven verändern können, aber gemeinsam fast alles. Viel mehr, als wir oft für möglich halten. Dieser Satz ist für mich Motivation und Auftrag zugleich. An Grenzen zu gehen, dabei Grenzen auszuloten, manchmal auch zu überschreiten. Es bleibt eine Gratwanderung, in der Gewissheit, dass der Zweck nicht alle Mittel heiligt. Unrecht aufzuzeigen, zu benennen, notfalls auch aufzuschreien, jenen eine Stimme zu geben, die vielleicht wenig gehört oder sogar überhört werden, Dinge zum Positiven zu verändern, all das sehe ich als Verpflichtung der Zivilgesellschaft, letztlich von jedem Einzelnen und jeder Einzelnen von uns. Aufzuzeigen, dass jene, die so gerne als „sozial Schwache" bezeichnet werden, unglaublich stark sind. Wer behauptet, sie lägen in Hängematten, hat keine Ahnung von ihren Alltagssorgen und -ängsten und davon, wie viel diese Menschen Tag für Tag leisten. Aus einer privilegierten Situation heraus, in einem sicheren, wunderschönen Land wie Österreich, im Herzen Europas geboren, in einer Demokratie lebend – aus all diesen Umständen erwächst Verantwortung. Die Verantwortung, auf unsere Nächsten zu schauen, die Augen nicht vor der Armut, den Nöten und der Verzweiflung der anderen zu verschließen. Missstände aufzudecken, immer wieder aufs Neue um Verbesserungen und Lösungen zu ringen. Das sehe ich als unglaublich fordernde, aber auch wunderschöne Aufgabe, an der wir alle gemeinsam mitwirken können.

KaP!

tel 04

Vom Shitstorm zum Flowerrain

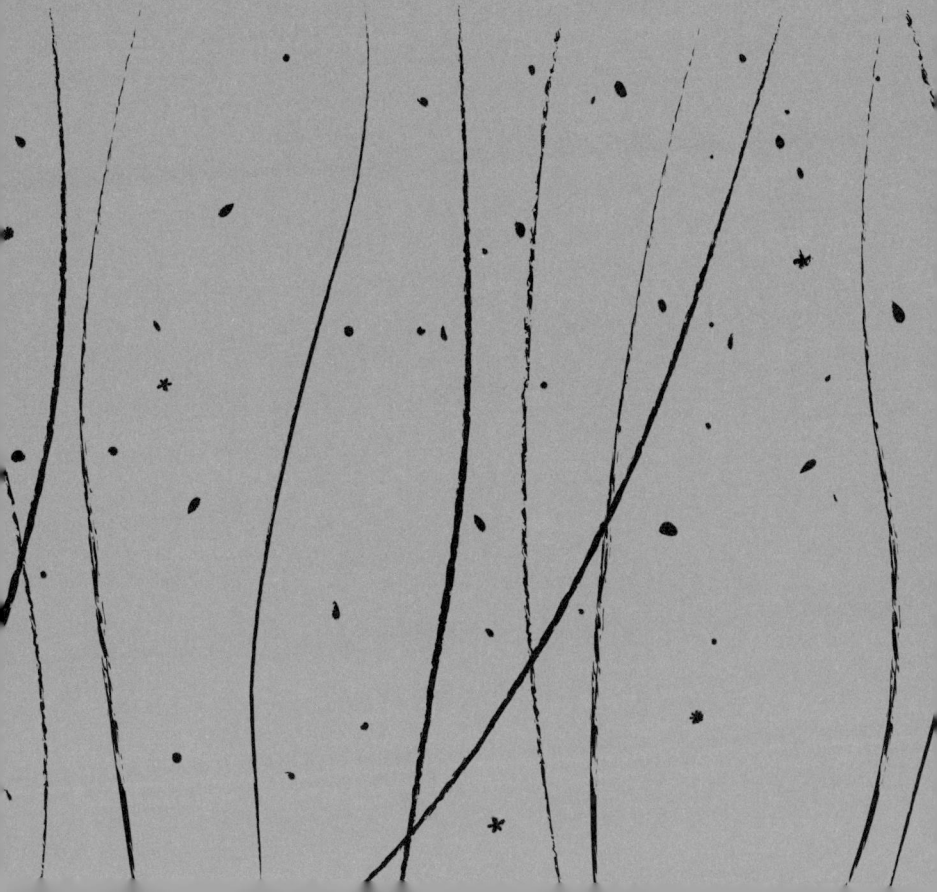

Es war an einem dieser Fenstertage zwischen Weihnachten und Heilige Drei Könige, an dem auch bei uns im Büro in Wien-Ottakring die meisten Mitarbeiterinnen und Mitarbeiter bei ihren Familien und Freundinnen und Freunden zu Hause sind. Es sind spezielle Tage. Um diese Zeit ist es bei der Caritas eindeutig stiller als vor dem Weihnachtsfest, die Gänge sind verwaist, in den Teeküchen stehen die Reste mit Vanillekipferln und Lebkuchensternen und ich komme langsam etwas runter nach all dem Stress des vergangenen Jahres. Der Herbst war extrem, eine turbulente Zeit. Vieles ist liegengeblieben, hoffentlich nichts, was dringend und wichtig war. Unterschriften sind zu erledigen, E-Mails abzuarbeiten, ich lese sogar die vielen Weihnachtskarten erst nach den Feiertagen und versuche wenigstens die persönlich formulierten noch im alten Jahr zu beantworten. Die Winterhilfe in der Obdachlosenarbeit ist 2017 bereits Mitte Oktober voll angelaufen. Als die Temperaturen kälter wurden, liefen beim Kältetelefon die Telefone immer heißer. Aber es war auch in anderer Hinsicht ein sehr turbulentes Jahr und ein politisch extrem heißer Herbst. Österreich wählte in diesem Oktober 2017 einen neuen Nationalrat und wenige Tage vor Weihnachten präsentierte sich zum ersten Mal seit Jörg Haider wieder eine rechtskonservative Koalition aus ÖVP und FPÖ. *„Rechtsruck in Österreich?"* titelten viele Kommentatoren, auch internationale Zeitungen berichteten. Bei einem der ersten Termine nach der Angelobung kurz vor Weihnachten besuchte der frischgebackene Bundeskanzler gemeinsam mit dem Caritas-Präsidenten Michael Landau und mir obdachlose Menschen, die sich am Abend eine warme Mahlzeit beim Suppenbus am Bahnhof Wien-Meidling holten.

Doch während der Feiertage war es ruhiger – von Neujahrsansprachen, Rückblicken und Ausblicken, Feuerwerkskörperverletzungen und Neujahrskonzerten einmal abgesehen. Bevor ich bei der Caritas begann, arbeitete ich einige Zeit im Gesundheitsbereich in Niederösterreich. Ich wusste also, dass es von Jahr zu Jahr einen fast seltsam anmutenden, regelrechten Wettstreit um das erste Baby nach dem Läuten der Pummerin gab – vom Neusiedler See bis zum Bodensee. Welche Geburtenstation, welche Klinik würde heuer als erste eine Presseaussendung mit dem Neujahrsbaby ausschicken können? Welches Bundesland würde das Rennen machen? Mädchen oder Bub? So bizarr dieses Rennen auch sein mag, so empfinde ich es jedes Jahr doch aufs Neue auch berührend. Berührend, weil sich so viele Menschen an dem Foto des Neujahrsbabys und an der Geburt eines Kindes weit über die eigene Familie und den eigenen Freundeskreis hinaus erfreuen.

Doch damals im noch wenige Stunden neuen Jahr 2018 kam alles überraschend anders: Mehrere Onlineportale und Nachrichtensendungen berichteten wie üblich über Österreichs Neujahrsbaby 2018. Julia hieß das Mädchen, das exakt eine Minute nach Mitternacht in Leoben zur Welt kam. Doch das Wiener Neujahrsbaby 2018 sollte unverhofft wesentlich mehr Aufmerksamkeit erhalten, obwohl es nicht Platz 1 belegte. In Wien war es an diesem Neujahrstag kein Zieleinlauf der Sekunden, denn es dauerte weitere 46 Minuten, bis ein kleines, entzückendes Mädchen die Welt erblickte. Ich las weiter die Eckdaten: *„51 Zentimeter, 3.460 Gramm. Die Geburt verlief ohne Komplikationen. Mutter und Kind sind wohlauf."* Auf dem offiziellen Pressefoto des Wiener Krankenanstaltenverbundes betrachtete ich lächelnd in meinem Büro das junge Glück: die strahlende Mama mit rosa Kopftuch, die süße Erstgeborene im Arm, der stolze Papa und daneben das Team des Krankenhauses, eine Ärztin und eine Krankenschwester.

Doch gleich nachdem die ersten Berichte samt Bildern online gingen, passierte das Unvorstellbare. In den Onlineforen unter den Artikeln und auf Social Media fanden sich erste hasserfüllte, widerliche Kommentare. Es dauerte keine drei Stunden, bis sich in den sozialen Medien – speziell auf Facebook – immer mehr Postings und Kommentare fanden, die vor Hass, Rassismus, Zynismus und verbaler Gewalt nur so trieften. In kürzester Zeit braute sich ein gewaltiger Shitstorm zusammen und eine Welle an Hasspostings prasselte auf die junge Familie aus Wien ein. Was löste diese niedrigen Instinkte aus? Eine Mutter mit Kopftuch, ein ausländisch klingender Name für ein unschuldiges kleines Baby und die breite ablehnende Stimmung im Land reichten offenbar aus.

Ich saß in meinem Büro und fühlte mich plötzlich vollkommen ratlos. Ich beobachtete fassungslos, wie vereinzelt beherzte User, eigentlich waren es vorwiegend Userinnen, versuchten, irgendwie dagegenzuhalten. Viele von ihnen machten Screenshots von den schrecklichsten Zitaten und Aussagen und posteten sie erneut, um darauf hinzuweisen, was da wenige Tage nach Weihnachten gerade passierte. Hass aufzuzeigen und anzuprangern, Empörung und damit Gegendruck zu erzeugen, das habe ich auch immer wieder versucht. Je mehr ich aber darüber nachdachte, umso mehr wollte ich diesem verbalen Dreck kein weiteres Mal zu mehr Aufmerksamkeit verhelfen. Plötzlich schreckte mich das Läuten meines Mobiltelefons aus meinen hoffnungslosen Gedanken. Eine ORF-Redakteurin war am anderen Ende der Leitung und fragte, ob ich bereit für ein Interview wäre. Ich hatte mich in der Vergangenheit immer wieder zu dem Thema Hass im Netz geäußert. Doch dieses Mal zögerte ich. Ich fragte mich, ob ich damit nicht an der falschen Stelle nützen würde. Ich sprach offenbar laut aus, was sich in meinem Kopf gerade abspielte. Die Journalistin blieb hartnäckig, meldete sich kurz darauf erneut und bat mich inständig um ein Statement, weil sie selbst so schockiert von den

Ereignissen war. Gerade jetzt zwischen den Feiertagen seien viele potenzielle Interviewpartnerinnen auf Urlaub und nach ein wenig Überredungskunst ihrerseits machte ich mich auf den Weg Richtung Studio am anderen Ende der Stadt. Ich bat sie noch, mir einige der Kommentare vor dem Drehtermin rauszusuchen und zu schicken, da ich mich nicht mehr als nötig mit diesem Dreck beschäftigen wollte. Das Interview für den Beitrag dauerte nur wenige Minuten. Ich benannte, was ich in diesem Moment gespürt hatte. Eine rote Linie war überschritten worden. All das passierte wenige Tage nach Weihnachten, nachdem das ganze Land am Heiligen Abend vor dem Christbaum die Geburt eines Kindes in der Krippe und das Fest der Liebe gefeiert hatte. Innerlich brodelte es in mir, es war eine Mischung aus Ratlosigkeit, Verzweiflung und Wut. Mich beschäftigte die Frage, warum hier nicht viel mehr Menschen empört aufschrien. Einen Teil der Antwort glaube ich zu kennen: weil es auch mich immer wieder Kraft und Mut kostet, hier Position zu beziehen. Weil auch ich im Netz schon oft angefeindet wurde. Weil auch mir schon Menschen mit Klarnamen geschrieben haben, dass sie mir wünschten, dass meine Frau und meine Tochter vergewaltigt werden. Weil ich selbst schon erlebt habe, wie es sich anfühlt, wenn Lügen über mich verbreitet werden. Wie oft hatte ich schon klargestellt, dass ich keinen Porsche fahre, dass ich noch nie in meinem Leben in einem Porsche gesessen bin? Und dennoch zeigen diese gezielten Diffamierungen Wirkung. Googelt man meinen Namen, erscheint als eines der häufigsten Suchergebnisse „Klaus Schwertner Porsche". Schweigen? Je länger ich nachdachte, umso weniger kam diese Option für mich infrage. Irgendetwas musste man tun, irgendwer sollte doch Partei ergreifen für das Baby und seine Eltern. Es dämmerte bereits, als ich vom Interview kommend das *mag*das-Hotel am Wiener Prater erreichte. Für mich ein ganz besonderer Ort: gemütlich, weltoffen, hoffnungsvoll. Ein Hotel, das gemeinsam von geflüchteten Menschen und Hotelprofis betrieben wird. Ein Projekt, das viel mehr als ein „normales" Hotel ist, weil es schon mit der Bautafel „Hier werden Vorurteile abgebaut" ein klares Zeichen setzte. Und ein Ort, an dem deutlich wird, dass im politischen und gesellschaftlichen Diskurs rund um die Themen Asyl, Flucht, Migration oder Ausländer meist die Defizite in den Vordergrund gerückt werden. Probleme und Herausforderungen, die Antworten und klare Strategien anstelle von politischer Instrumentalisierung erforderten.

Als ich die Lounge gegenüber der Bar betrat, war in der Ecke noch ein Platz frei. Draußen war es kalt geworden, ich bestellte einen Kräutertee. Mein Termin verspätete sich, ich wartete und ließ das Interview Revue passieren. Hatte ich den richtigen Ton getroffen? Was waren die Fragen gewesen? Hatte ich klar genug angesprochen, was zu benennen war, ohne einmal mehr offene Gräben noch tiefer aufzureißen, weitere Fronten zu verhärten? Fragen über Fragen beschäftigten mich, während ich dasaß und wartete und vermutlich vor mich hin starrte. Warum ging mir diese Sache so nahe? Vermutlich auch deshalb, weil ich selbst vor mehreren Jahren einen Shitstorm rund um meine umstrittene Aktion beim Lifeball 2015 erlebt hatte. Ich kannte also das Gefühl von Verzweiflung und Sprachlosigkeit, wenn diese Welle an verbaler Gewalt im Netz Fahrt aufnimmt, innerhalb kürzester Zeit wie eine Lawine an Kraft und Größe gewinnt, nicht mehr zu stoppen ist und irgendwann vom Netz in das reale Leben überschwappt. Doch diese Familie hatte rein gar nichts beigetragen zu all dem Hass. Wie es wohl den Eltern genau in diesem Moment ging, wenige Kilometer von mir entfernt auf der Geburtenstation? Ich erinnerte mich an die Geburt meiner eigenen Tochter. Nicht einmal zwei Jahre lag diese zurück und mir wurde plötzlich bewusst, wie diese Stunden voller Glück auch eine Zeit starker Verletzlichkeit bedeuteten. Wie sich in diesen ersten Stunden und Tagen alles um das kleine, neue Leben dreht und Irritationen von außen einen rasch und brutal aus der Bahn werfen können. Ich bezahlte meinen Tee, denn es war mittlerweile mehr als eine Stunde vergangen. Jetzt würde mein Gesprächspartner sicher nicht mehr auftauchen und ich beschloss aufzubrechen. Es war wenig Verkehr, als ich mein Auto nach Hause lenkte. Ich freute mich schon auf meine Familie, darauf, dass ich an diesem Abend nicht so spät wie so oft heimkommen würde. Das gemeinsame Abendessen mit meiner Frau und den Kindern sollte sich leicht ausgehen und die Buben und Matilda konnte ich an diesem Abend endlich wieder einmal ins Bett bringen. Als ich bei einer roten Ampel auf halbem Weg anhalten musste, schoss es mir plötzlich ein wie ein Blitz. Ich kramte nach meinem Handy, öffnete die Facebook-App und begann wild draufloszutippen. Aus dem Augenwinkel sah ich, dass die Ampel auf Grün umsprang, und ich ließ mein Mobiltelefon zwischen meine Beine auf den Sitz fallen. Obwohl ich mich vor Kurzem noch so machtlos und klein gefühlt hatte, verspürte ich jetzt einen unglaublichen Tatendrang. Der Wunsch, etwas zu tun, in diesem Augenblick wurde er konkret. Bei der nächsten Gelegenheit stoppte ich (halblegal) am Straßenrand und vervollständigte die soeben formulierten ersten Sätze eines neuen Postings. Ich googelte das Pressefoto des Krankenanstaltenverbundes und fügte das Foto des Wiener Neujahrsbabys und seiner Eltern hinzu. Aufgeregt las ich nochmals Wort für Wort das Geschriebene durch, hängte das Foto dazu und drückte mit dem Daumen auf „POSTEN".

„Mach auch du mit!
Das sind das Wiener Neujahsbaby und seine glücklichen Eltern. Das süße Mädchen war bereits in den ersten Stunden nach seiner Geburt einer unvorstellbaren Welle von Gewalt und Hasskommentaren im Netz ausgeliefert. Es ist eine völlig neue Dimension von Hass im Netz gegen ein unschuldiges Neugeborenes. Ich will das so nicht hinnehmen und sammle hier in den Kommentaren jetzt Glückwünsche, nette Worte und Willkommensnachrichten für das entzückende Baby und seine Eltern. Diese Nachrichten möchte ich dann ausdrucken, binden lassen und

der Familie übergeben. Ich wünsche mir einen regelrechten #flowerrain für das Neugeborene namens A*. Wer ist dabei? Mach auch du mit! Teile dieses Posting! Klick auf ‚Herz'! Und schreibe eine Botschaft, die zeigt: Liebe > Hass."

Die Idee war eigentlich simpel. Ich hoffte, dass möglichst viele Menschen so fühlten wie ich und das Bedürfnis verspürten, dieser jungen Familie zur Seite zu stehen, und lediglich auf der Suche nach einer Möglichkeit waren, dies zum Ausdruck bringen zu können. Aber würde das tatsächlich funktionieren? Irgendetwas musste ich ja unternehmen. Ich bat die Menschen nicht, eine E-Mail zu schreiben, eine Karte per Post zu schicken, sondern einfach und unkompliziert unter das Posting ihre Worte und Grüße zu formulieren. Je einfacher die Möglichkeiten zum Mitmachen sind, desto mehr Menschen könnten vielleicht mobilisiert werden, so mein Gedanke. Einen Versuch war es jedenfalls wert und so ein kleines Willkommensbüchlein von unterschiedlichen Menschen wäre doch ein nettes Geschenk, würde der Familie vielleicht Trost und Freude spenden.

Meine Familie saß bereits beim Abendessen, als ich die Wohnung betrat. Die Buben sprangen vom Tisch auf und liefen mir entgegen, als sie den Schlüssel in der Eingangstür hörten. Matilda saß in ihrem Hochstuhl und klopfte mit ihrem Kinderbesteck laut auf ihren Teller. Sie strahlte mich an. Ich sah ihr an, wie müde sie sein musste. Ich gab meiner Frau einen schnellen

Begrüßungskuss und schnappte mir unser Mädchen, um sie fürs Bett fertig zu machen und schlafen zu legen. Aus meiner Tasche im Vorzimmer hörte ich mein Handy immer wieder brummen, da ich es so wie fast immer auf Vibration gestellt hatte. Ich putzte Matilda die Zähne, wechselte ihr rasch die Windeln und zog ihr einen frischen Pyjama an. Als ich sie ins Bett legte, ihr mit dem Daumen so wie jeden Abend ein Kreuz auf die Stirn zeichnete, klammerte sie sich an mir fest und deutete mir, dass ich mich zu ihr legen sollte. Wenige Augenblicke später schlief nicht nur sie, sondern auch ich erschöpft neben ihr ein. Als ich spätabends hochschreckte, auf Zehenspitzen das dunkle Zimmer verließ und in die Küche schaute, um doch noch eine Kleinigkeit zu essen, hörte ich, wie mein Handy ununterbrochen dieses Vibrationsgeräusch machte. Als ich auf das Display schaute, staunte ich nicht schlecht: 2.376 Likes und einige hundert Kommentare unter meinem #flowerrain-Posting. Es funktionierte! Am nächsten Morgen ging es weiter: Immer mehr Kommentare und Likes und erste Anfragen von Journalistinnen und Journalisten trudelten ein. Im Laufe des Tages zog das Posting immer weitere Kreise und sollte letztlich zu einer weltweiten Umarmung für das Wiener Neujahrsbaby und seine Eltern werden. Die „New York Times" berichtete ebenso wie die deutsche Wochenzeitung „Die Zeit", der „Independent" genauso wie südamerikanische, israelische und südkoreanische Medien. Ich ergänzte das Posting rasch um eine englische Version, da innerhalb von wenigen Stunden aus der ganzen Welt Menschen Grüße und Liebesbotschaften an das mittlerweile berühmt gewordene Neujahrsbaby aus Wien schickten. Unglaublich, was in den vergangenen 24 Stunden passiert war. Doch dann – einen Tag später – erhielt ich eine Nachricht einer Freundin: „Klaus, das #flowerrain-Posting ist verschwunden." Ich zweifelte zuerst an mir selbst, dachte, ich hätte das Posting unabsichtlich gelöscht. Doch Facebook selbst hatte das Posting entfernt – ohne ersichtlichen Grund. Just an dem Tag, als Mark Zuckerberg das Jahr gegen Hass im Netz und entsprechende Maßnahmen seines Social-Media-Giganten ankündigte, wurde meine Initiative gegen Hass im Netz einfach so gelöscht. Nach mehreren Telefonaten mit Expertinnen und Experten bekam ich einen Anruf von Facebook Deutschland. Ziemlich kleinlaut wurde mir mitgeteilt, dass ein Fehler passiert sei, dass mein Posting natürlich nicht gegen die Gemeinschaftsstandards verstoßen habe und sie intensiv daran arbeiten würden, es wieder online zu stellen. Warum das Posting gelöscht wurde, was genau passiert war, ob irgendwelche rassistischen Gruppierungen mich gezielt gemeldet hatten oder ob ein Algorithmus aufgrund des hohen Traffics auf meiner Seite zu der Löschung geführt hatte – darüber schwieg sich die Sprecherin aus. Ich musste leidvoll erfahren, dass hier ein großer Konzern entscheiden konnte, was wir kommunizieren dürfen und was nicht. Wie leicht es diesen Tech-Giganten möglich ist, Zensur zu üben, zu steuern, was sein darf und was nicht.

Nach einem medialen Aufschrei kehrte das Posting innerhalb weniger Stunden wieder zurück. Es folgten allerdings neue Herausforderungen. Denn innerhalb weniger Tage teilten immer mehr Menschen vom österreichischen Bundespräsidenten bis zum Kardinal den #flowerrain auf ihren offiziellen Facebookseiten. Die Kommentare schnellten weiter in die Höhe und letztlich kamen 32.053 Nachrichten für das kleine Mädchen zusammen. Dank IT-Experten und einem engagierten Team schafften wir es letztlich, all die persönlichen Grüße aus aller Welt auszulesen, auszudrucken und ein Buch binden zu lassen. Die Dimension übertraf alle Erwartungen, Format A3, hunderte Seiten dick, mehrere Kilogramm schwer. Ein Buch voller Liebe war entstanden, das deutlich machen sollte, dass nicht der Hass das letzte Wort hat, sondern die Liebe.

Doch mir war nach wie vor unklar, wie ich die Familie ausfindig machen sollte. Schließlich meldete sich ein Bekannter der Familie. Er bot an, Kontakt herzustellen. Bald hatte ich die Handynummer der jungen Mutter und wir telefonierten und tauschten uns per Whatsapp aus. Es dauerte noch einige Zeit, bis wir uns für die erste persönliche Begegnung im *mag*das verabredeten. Sie erzählte davon, dass sie in den ersten Tagen nach der Geburt gar nichts von all dem Trubel mitbekommen hatten. Erst nach und nach berichteten ihnen Familie und Freundinnen, was sich außerhalb ihres kleinen Glücks abgespielt hatte. Doch der Shitstorm zeigte leider Wirkung und durch den medialen Hype erkannte man sie plötzlich auf der Straße. Die Reaktionen hätten unterschiedlicher nicht sein können. Sie wurden angesprochen, teilweise wüst beschimpft oder herzlich beglückwünscht. Von wildfremden Menschen. Ich spürte, wie sie damit zunehmend überfordert und vor allem verunsichert waren. Auch wenn es nicht relevant ist, sei es hier doch erwähnt: Die Eltern waren keine Flüchtlinge. Die Mama war bereits in Wien aufgewachsen, sie ist hier zur Schule gegangen, spricht akzentfrei Deutsch und studierte bis zur Geburt ihrer Tochter Architektur. Der Papa lebte seit einigen Jahren in Österreich, arbeitete als Taxifahrer. Beide stammten ursprünglich aus der Türkei. *„Dass ich ein Kopftuch trage, ist meine freie Entscheidung. Ob meine Tochter das einmal auch will, soll sie selbst entscheiden",* erwähnte die junge Mutter im Laufe dieses Nachmittags mehrmals, obwohl ich gar nicht danach gefragt hatte. Das Willkommensbuch wird ihre Tochter zu ihrem 18. Geburtstag bekommen, so viel war fix. Davor, so hofften die Eltern, sollte ihr kleines Mädchen von den Ereignissen, die sich in den ersten Januartagen 2018 zugetragen haben, nichts mitbekommen. In die Öffentlichkeit wollten sie keinesfalls mehr, zu heftig waren die Erfahrungen, die sie gemacht hatten. Beim Abschied bat die Mutter mich lediglich, auf meiner Facebookseite folgende Nachricht von ihnen zu posten:

„Am meisten hat uns wehgetan und traurig gemacht, dass es Menschen gibt, die unser Baby als Terroristin bezeichnet haben. Woher kommt dieser Hass gegen ein unschuldiges

Neugeborenes, woher kommen diese schrecklichen Vorurteile? Österreich ist unsere Heimat, wir sind hier seit vielen Jahren zu Hause. Wir wünschen uns, dass jedes Kind willkommen ist, des es Liebe bekommt, von seinen Eltern und der Gesellschaft, in die es geboren wird. Wir sind überglücklich über die Geburt unseres ersten Kindes, und dass es viel mehr Menschen gibt, die unsere A. willkommen heißen. Es ist wirklich eine weltweite Umarmung für unser Baby. Nochmals vielen herzlichen Dank!"

Nach dieser ersten Begegnung Ende Januar 2018 kam es nur noch zu einem zweiten persönlichen Treffen gemeinsam mit meiner eigenen Familie. Dabei erzählten die jungen Eltern, dass sie jetzt versuchen wollten, rechtlich gegen etliche der Hassposter vorzugehen. Es kam tatsächlich zu einigen wenigen Verurteilungen. So wurde etwa ein Tiroler Liftwart zu einer Diversion verurteilt, ein 65-jähriger Pensionist fasste eine bedingte Haftstrafe wegen Verhetzung aus und eine 48-jährige Niederösterreicherin gar eine Verurteilung zu neun Monaten Haft, drei davon unbedingt (die Frau war allerdings mehrfach vorbestraft).

Die Hasspostings von damals sind weitestgehend aus dem Netz verschwunden. Die Wunden, die sie verursacht haben, mögen verheilt sein, doch Narben werden bleiben.

Wunden ganz anderer Art hinterließ auch der Terroranschlag Anfang November 2020 in Wien. Hass, der sich nicht in Foren, sondern auf den Straßen und Gassen in der Wiener Innenstadt entlud. Nicht in Worten, sondern in Taten. So unterschiedlich die beiden Ereignisse auch sein mögen, auch im Fall der Wiener Terrornacht wollte ich nicht akzeptieren, dass der Hass allein die Schlagzeilen bestimmt.

Am Abend des 2. November 2020 war ich gemeinsam mit meinen Kindern allein zu Hause, als plötzlich die Schreckensmeldung über Twitter hereinkam: *„Heftige Schießerei am Schwedenplatz. Polizeigroßeinsatz."* Die Lage war unübersichtlich, die Meldungen überschlugen sich. Breaking News unterbrachen das laufende Programm. Ein Mann hatte aus einer Langwaffe auf Passanten gefeuert. Ich saß geschockt vor Fernseher und Laptop und verfolgte die neuesten Meldungen. Es gab Tote und Verletzte, einen Großeinsatz von Polizei- und Rettungskräften und stundenlange Ungewissheit, ob es sich um die Tat eines Einzeltäters handelte, die dazu führte, dass völlig verunsicherte Menschen bis spät in die Nacht in Lokalen, Konzert- und Theatersälen ausharren mussten. Genau das, was der Terrorist bezwecken wollte, verbreitete sich in Windeseile über das Internet: Bilder und Videos des Schreckens. Plötzlich stand unser Sohn Severin neben mir. In der Whatsapp-Gruppe seiner Klasse wurde eines dieser schrecklichen Videos geteilt. Ich versuchte ihn zu beruhigen, nahm ihn in den Arm und erklärte ihm, warum es wichtig sei, diese Nachricht zu löschen und nicht weiterzuverbreiten. Ich sagte ihm, dass Terror Angst und Hass schüren will. Dass er spalten und das Niedrigste aus den Menschen herausholen möchte. Dass wir Dinge, die uns wichtig sind, am besten dadurch verteidigen, dass wir diese Werte weiterhin leben und lieben. Auch und gerade in solchen Augenblicken. Vielleicht sagte ich es auch mehr zu mir als zu ihm, denn auch ich war angesichts der Ereignisse schockiert.

Die traurige Bilanz des islamistisch motivierten Terroranschlags wurde erst nach und nach deutlich. Vier Opfer und der Täter starben innerhalb von nur neun Minuten. Gegenüber einer Synagoge, vor Wiens ältester Kirche, der Ruprechtskirche, mitten im sogenannten Bermudadreieck. Mein Sohn und ich sollten in dieser Nacht lange nicht einschlafen.

Doch rasch wurde deutlich, dass es in dieser Terrornacht auch viele ermutigende Geschichten gab, die gesammelt und erzählt werden wollten. Geschichten, die nicht von Hass, sondern von Hilfsbereitschaft, Solidarität und Nächstenliebe handelten. Schon in einer der ersten Sondersendungen im Fernsehen gab es mehrere Live-Einstiege von einem Reporter aus der Innenstadt, der wie viele Passanten auch in einem Hotel am Petersplatz Zuflucht gefunden hatte. Wildfremde Menschen waren in dieser Extremsituation wortwörtlich näher zusammengerückt und haben einander unterstützt. Juwan Amir, der syrische Portier des Hotels, wurde nur wenige hundert Meter von den Tatorten entfernt zu einem der Helden dieser Nacht, weil er Menschen aufnahm, versuchte, sie zu beruhigen, und sie mit Getränken und Zimmern versorgte. Als mir am nächsten Tag eine Frau eine Nachricht schrieb, in der sie schilderte, dass ein Straßenbahnfahrer während des Anschlags außerhalb einer Station stehen geblieben war, um flüchtende Passanten aufzunehmen, wollte ich diese Geschichten sammeln und zusammentragen. Ich verspürte den großen Wunsch, die Heldinnen und Helden dieser Nacht vor den Vorhang zu holen, Menschen damit Mut zu machen und Hoffnung zu geben – vermutlich auch mir selbst.

„Ein Straßenbahnfahrer, der außerhalb einer Station hält, um Menschen aus der Gefahrenzone zu bringen. Hotels, die gestrandete und verschreckte Menschen kostenlos nächtigen lassen. Taxifahrer*innen, die, ohne ein Fahrgeld zu verlangen, Menschen heimbringen. Einsatzkräfte von Polizei, Rettung, Bundesheer, Teams in den Krankenhäusern, die Unglaubliches für uns alle leisten. Ein Musiker, der ein Konzert zu Ende spielt und zahlreiche Zugaben gibt, um zu beruhigen. Passant*innen, die Erste Hilfe leisten. Das ist mein Wien. Danke euch allen.

PS: Hast du solche oder ähnliche Erfahrungen gemacht heute Nacht? Dann schicke sie mir bitte via messenger. Gemeinsam einen #flowerrain der schönen Geschichten dieser schrecklichen Nacht zeigen."

Auf meinen Facebook- und Instagram-Aufruf erreichten mich in den folgenden Tagen hunderte ähnliche persönliche Geschichten, Nachrichten und auch Fotos. Wie damals beim #flowerrain für das Wiener Neujahrsbaby spürte ich ein großes Bedürfnis von vielen Menschen, das Geschehene zu verarbeiten. Ich gab diesen Menschen lediglich die Möglichkeit und einen Kanal, um ihre Gefühle, ihre Dankbarkeit und auch ihre Angst zum Ausdruck zu bringen. Meine Hoffnung war und ist, dass möglichst viele Menschen, die den Terror hautnah miterleben mussten, dass all jene Menschen, die sich ängstigten, nicht nur das Leid und den Schmerz in Erinnerung behalten würden, sondern hoffentlich auch all die Geschichten und Erlebnisse des Zusammenhalts, die Zivilcourage, den Mut und das Gute, das in jener Nacht des 2. November 2020 eben auch geschah. Ähnlich wie damals nach der Geburt des Neujahrsbabys sollte der Hass auch im Fall der Terrornacht nicht das letzte Wort haben.

Der Kontakt zwischen der Familie des Neujahrsbabys und mir brach irgendwann für lange Zeit ab, was mir bis heute sehr leidtut. Regelmäßig denke ich an sie, denn mich beschäftigt bis heute die Frage, ob der #flowerrain letztlich gut oder vielleicht doch nur gut gemeint war? Gesellschaftlich war es zweifellos ein starkes Signal, ein eindrucksvolles Aufstehen von zigtausenden Menschen gegen Rassismus, Islamophobie und Hass im Netz. Es ist noch nicht oft gelungen, einen Shitstorm in einen Flowerrain zu verwandeln. Das war wohl ein Erfolg. Vielleicht hat die große Aufmerksamkeit, das enorme Echo aber auch einiges zur Verunsicherung dieser Familie beigetragen. Das ist übrigens der Grund, warum ich den Namen des mittlerweile drei Jahre alten Mädchens hier nicht nenne. Weil ich die Eltern damals nicht vorab kontaktiert und gefragt habe, ob sie diese spontane Aktion überhaupt wollen. Eines weiß ich gewiss, sie wollen nicht länger als bemitleidenswerte Opfer dargestellt werden, das verstehe ich gut. Aber für mich stellt sich letztlich die Frage, ob die Freude der Familie über diese große Solidarität des #flowerrains quer über den Globus überwiegt? Ich habe bis heute keine abschließende Antwort auf diese Frage gefunden. Ich weiß es nicht.

Neujahrsbaby und Terrornacht. Die Aufrufe auf Facebook konnten weder den Hass in den Foren noch jenen auf der Straße ungeschehen machen. Sicher ist aber: Wir dürfen das Netz nicht den Hatern überlassen. Wir dürfen nicht zulassen, dass Hass und Terror allein unsere Timelines fluten. Wir müssen aufstehen und dagegenhalten. Mit Mut und mit Zuversicht. Ein Like und ein Posting können die Welt nicht verändern, aber sie können Hoffnung machen. Sie können etwa deutlich machen, dass ein Kind geliebt wird und dass Liebe stärker ist als Hass.

KaP!

tel 05

—

Die ganze Welt dreht sich um mich, denn ich bin nur ein Altruist

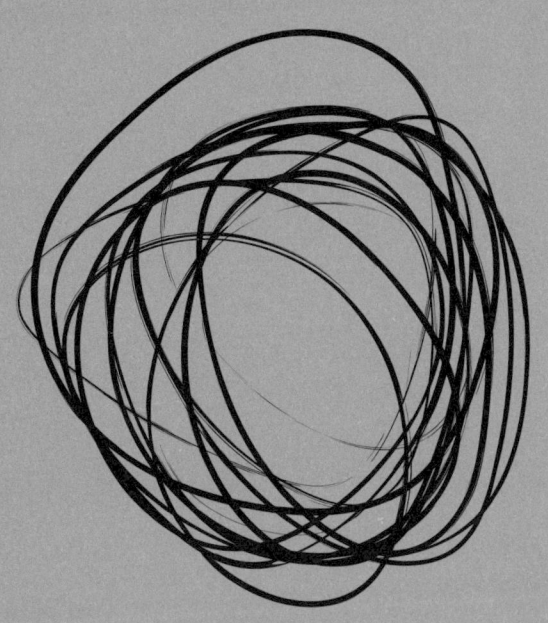

Über meine Schattenseiten zu schreiben ist schwer. Andererseits: Würde ich an dieser Stelle nicht auch offen darüber berichten, wäre dieses Buch nicht vollständig und vermutlich auch nicht ehrlich. Gut, Mensch zu sein, heißt konsequenterweise auch, die eigenen Stärken und Schwächen zu kennen, die eigenen Widersprüche auszuhalten und sich selbst immer wieder kritisch zu hinterfragen – zu wissen, dass das Match Gut gegen Böse zuallererst nicht irgendwo dort draußen stattfindet, sondern immer auch in mir selbst entschieden wird.

Wir tragen stets beides in uns – die Liebe und den Hass. Die Angst und den Mut. Den Zweifel und die Hoffnung. Das Licht und den Schatten. Und diese Gleichzeitigkeit gilt vermutlich auch, wenn es um das In-Beziehung-Sein mit anderen geht: den Wunsch, altruistisch zu helfen, und die Sehnsucht, auch in diesem Moment der Zuwendung gesehen und geliebt zu werden.

Die anderen sind nie nur böse, ich nie nur gut. Meine Motive sind nie nur edel, meine Ziele nie nur hehr. Auch ein barmherziger Samariter kann in eigener Sache für das Gute im Einsatz sein. Und selbst im Moment des Helfens kann man sein Ego streicheln.

In der Vergangenheit habe ich oft mit mir gerungen, weil es mir ehrlicherweise nicht genügt, still zu helfen – zum einen, weil ich mich überspitzt formuliert nicht damit begnügen kann, einen Menschen zu retten – in meiner Vorstellung muss es quasi immer gleich die ganze Welt sein. Zum anderen weiß ich aber auch, dass ein Teil meiner Persönlichkeit auch als Gutmensch gesehen werden will. Weil ich das Licht der Öffentlichkeit immer wieder suche, für die Anliegen und Menschen, für die wir uns einsetzen, aber vermutlich auch für mich selbst. Und zwar nicht nur, um mit dem Rückenwind der Öffentlichkeit das möglichst gut zu tun, was ich tue – gemeinsam mit unzähligen anderen Menschen Hilfe möglich machen und Veränderungen zum Positiven vorantreiben –, sondern eben auch deshalb, weil es mir ein gutes Gefühl gibt. Weil ich den Kick brauche, die Konfrontation, das Adrenalin, das Gefühl, das Gute zu stärken. Der Punkt ist also: Es geht bei allen meinen „guten Taten" nie nur ausschließlich um die anderen, sondern auch immer um mich selbst.

Ich glaube, daran schließt ja eine Erfahrung an, die wir alle immer wieder machen: Es fühlt sich einfach besser an, gut und im besseren Fall kein Arsch zu sein (Pardon my French). Uns alle, die wir das Glück haben, etwa als Freiwilliger für Menschen in Not im Einsatz sein zu können, sich für andere einzusetzen, füreinander da zu sein, trifft irgendwann die Erkenntnis, dass der Schlüssel zu einem glücklichen und erfüllenden Leben eben nicht nur darin liegt, sich ausschließlich um das eigene Glück, sondern eben auch um das Glück der anderen zu kümmern. Es gibt im Grunde wenig Schöneres als die Gewissheit, dass das eigene Tun und Lassen für andere einen positiven und entscheidenden Unterschied gemacht hat. Diese Erfahrung teile ich mit allen Menschen, die in einer geglückten Beziehung sind. Mit Menschen, die Kinder haben oder sich – bei allem, was dabei auch schwierig ist – um die eigenen Eltern kümmern, wenn sie im Alter Unterstützung brauchen. Mit Krankenschwestern und Krankenpflegern. Mit allen, die einem bettelnden Menschen Geld spenden. Oder mit hunderttausenden Freiwilligen, die dort draußen engagiert sind. Was mich von ihnen unterscheidet: Die meisten leisten diese Hilfe im Stillen – abseits der Bühnen und des Scheinwerferlichts. Bei mir ist das ein wenig anders und es gibt tatsächlich Momente, in denen ich diese Bühnen und dieses Gesehen-Werden nicht nur suche, sondern trotz der Not, von der ich umgeben bin, auch genieße oder wie eine Droge brauche.

Das zu akzeptieren fiel mir lange schwer. Mehr noch: Ich fühlte mich oft schlecht wegen dieser widersprüchlichen Gefühle. Worum geht's mir jetzt: darum, für andere da zu sein, oder darum, dass ich mir selbst und dass andere mir auf meine Schultern klopfen? Um möglichst viele Likes und Reichweite? Oder um möglichst viel Hilfe und Wirkung? Was überwiegt? Das Du oder das Ich? In den mehr als zehn Jahren, seit ich für die Caritas im Einsatz bin, gab es diesen einen Moment, in dem ich diesen Fragen nicht mehr ausweichen konnte. Ein Moment, in dem ich wusste, ich muss Antworten liefern und mit mir selbst ins Kreuzverhör gehen.

Es liegt schon eine Zeit zurück und vielleicht fällt es mir mit diesem Abstand etwas leichter, darüber zu schreiben. Es war im Frühjahr 2015, Lifeball in Wien: ein Medienspektakel mit großen Bühnen, Laufstegen, Scheinwerferlicht, Stars und Sternchen. Nie zuvor und nie wieder danach habe ich den Lifeball besucht. Doch im Jahr 2015 suchte ich im Rahmen der Initiative „Gegen Unrecht" nach jeder Möglichkeit, um auf das Massensterben im Mittelmeer, auf das Ertrinken von tausenden Menschen aufmerksam zu machen. Auch aufgrund fehlender Budgets für große Kampagnen fahndeten wir damals akribisch nach Flächen, Bühnen und Möglichkeiten, um unserem Anliegen Gehör zu verschaffen. Unser Ziel: möglichst viel Aufmerksamkeit für die Sache und ein Ende des Sterbens vor unserer Haustür. Ich war wenige Tage vor dem Lifeball von einer Reise aus Sizilien zurückgekehrt. Überlebende hatten mir davon berichtet, dass sich eine Überfahrt in einem klapprigen Flüchtlingsboot „wie der Ritt mit dem Teufel" angefühlt hatte. Ich hatte gestrandete Flüchtlingsboote gesehen, die Gräber der Namenlosen, die Verzweiflung und Angst der Betroffenen inhaliert. Und letztlich habe ich das Mittelmeer, an dem ich seit so vielen Jahren Urlaub machte, plötzlich mit anderen Augen wahrgenommen. Ich erinnere mich, wie ich am Ende dieser Reise, am Tag unserer

Heimkehr, plötzlich ins Meer gelaufen bin, um darin zu schwimmen. Als wollte ich den Tod der vielen Menschen nicht akzeptieren.

Ich entschied mich damals also, den Massenauflauf beim Lifeball zu nutzen, um auf das Massensterben aufmerksam zu machen. Das für sich genommen war nicht das Problem. Das Problem war das Mittel, zu dem ich gegriffen habe. Am Tag der Veranstaltung suchte ich kurzerhand einen Bodypainter auf. Mehrere Stunden lang wurde ich zum „Flüchtling" geschminkt. Der Körper von oben bis unten voll Dreck, mit dunkler Farbe beschmiert, die Haare ungewaschen, das Gesicht gezeichnet von einer Odyssee über das Mittelmeer. Um den Oberkörper eine viel zu kleine Rettungsweste, in der Hand einen Rettungsring, im Mund eine Pfeife, um auf meinen bevorstehenden „Tod" aufmerksam zu machen. Ich wollte den Menschen auf dem glamourösen Ball und uns allen vor Augen führen: Während das Rathaus und seine Gäste in diesem Jahr unter dem Motto „Gold und Glamour" erstrahlten, sollten wir nicht vergessen, dass im selben Augenblick Menschen vor den Toren Europas ertrinken. Ich wollte dem stillen Tod von tausenden Namenlosen Gehör verschaffen.

Als Flüchtling verkleidet stand ich nun am Rande des roten Teppichs inmitten hunderter Schaulustiger. Kurz überlegte ich, beschämt umzukehren und nach Hause zu fahren. Doch als ich plötzlich den US-Schauspieler Sean Penn aus einer Limousine steigen sah, war meine Chance gekommen. Ich hatte Sean Penn einige Jahre zuvor nach dem fürchterlichen Erdbeben auf Haiti zufällig kennengelernt. Wild entschlossen ging ich auf ihn zu, vorbei an den Securitys, schüttelte ihm die Hand, registrierte einen etwas ratlosen Zug in seinem Gesicht und faselte irgendwas davon, dass wir uns kennen würden. Gemeinsam mit ihm schritt ich den roten Teppich entlang. Ich gab ein, zwei Interviews. Der Fotograf einer großen österreichischen Tageszeitung drückte als Erster ab, ein Blitzlichtgewitter folgte und das Foto war in der Welt. Ich postete selbst noch ein paar Fotos auf Facebook und hatte, was ich wollte. Zumindest glaubte ich das zunächst.

Meine Mission war damit erledigt. Was danach passierte, habe ich nie davor und nie danach erlebt. Spott, Häme und Hass brachen sich im Netz Bahn. Die Kritik wollte nicht enden. Ein Shitstorm brach über mich herein. Unkontrollierbar und mit voller Wucht. Meine Aufmachung? „Anmaßend und diskriminierend." Meine Motive? „Eitel und selbstverliebt." Meine Aktion? „Peinlich für mich und für andere." So lauteten die Urteile. Und sie prasselten von links und rechts, aus den eigenen Reihen und von unerwarteter Stelle auf mich ein. Die Wiener Wochenzeitung „Falter" dolmte mich und verordnete mir ein mehrwöchiges Selfie-Verbot, andere Kritiker geißelten meinen Aktionismus. Ich las Stunde um Stunde die Kommentare auf Facebook und auf Twitter, verfolgte die Berichterstattung in den Medien, ehe ich mich entschloss, für einige Tage offline zu gehen, das Handy abzuschalten. Ich fühlte mich missverstanden und als Opfer, obwohl mich viele als Täter anprangerten. Seit diesen Tagen weiß ich – und das sage ich frei von Selbstmitleid –, wie es Menschen geht, die an den digitalen Pranger gestellt werden, wie schnell es gehen kann, dass sich Hass und Häme in einem Empörungstsunami entladen – ganz gleich, ob die Kritik nun berechtigt ist oder nicht.

Selten, aber doch werde ich heute noch mit diesem Auftritt und den Bildern konfrontiert – vor allem dann, wenn es darum geht, meine Argumente oder meine Anliegen zu schwächen, mich rundweg zu diskreditieren und auf meinen Aktionismus hinzuweisen. Selbst der Bundeskanzler konfrontierte mich Jahre später in einer Fernsehdiskussion mit dieser Szene, um seine vermeintlich humane und vernunftgeleitete Flüchtlingspolitik meinem Aktionismus gegenüberzustellen. Ihm und anderen mit meiner Aktion die Möglichkeit gegeben zu haben, ihren Umgang mit schutzsuchenden Menschen in ein angeblich vernünftiges Licht zu stellen, ist jedoch nicht der einzige Grund, weshalb ich meinen Auftritt am Lifeball heute kritisch sehe. So schmerzlich die Häme im Netz damals war, so sehr wusste ich auch: Die Kritik trifft auch einen wahren Kern. Bis heute stehe ich dazu, die Bühne des Lifeballs genutzt zu haben, um auf den Tod der Vielen im Mittelmeer aufmerksam zu machen – nicht, weil ich Sean Penn und den anderen die Party vermiesen wollte, sondern schlichtweg deshalb, weil ich bis heute eine humanitäre Lösung im Umgang mit schutzsuchenden Menschen an den EU-Außengrenzen brutal vermisse. Die Gleichgültigkeit und Empathielosigkeit angesichts der Toten. Das Schulterzucken, wenn kleine Kinder gezwungen werden, in Moria auf Lesbos im Dreck dahinzuvegetieren. Die bloß kurze Empörung, wenn 12.000 Menschen nach einem Brand eines Flüchtlingslagers obdachlos sind. Die Menschenrechtsverletzungen und die strukturelle Gewalt, die als politisches Mittel der Abschreckung in Kauf genommen werden.

Was ich heute aber bereue, sind die Mittel, zu denen ich damals gegriffen habe. Denn der Zweck heiligt bekanntlich nicht alle Mittel und gut gemeint ist oft alles andere als gut. Ich nehme für mich in Anspruch, jemand zu sein, der selten am Ziel vorbeischießt, dafür aber häufig über das Ziel hinaus. Zu laut, zu schrill, damit wohl auch zu anstrengend für andere, die die Not der Menschen nicht mit eigenen Augen gesehen haben. Doch ich weiß: Dieses eine Mal griff ich daneben. Ja, mein Auftritt war anmaßend, das Darstellen eines Flüchtlings verstärkte Stereotype und stellte diese Menschen in ein Licht, in das sie sich selbst niemals stellen wollen – hilflos und bemitleidenswert. Auch wenn mir das damals nicht bewusst war: Ich instrumentalisierte ihre Not und nahm ihnen so ihre Selbstbestimmtheit. Ich schadete dabei nicht nur mir selbst, sondern vor allem auch der Sache. Ich öffnete meinen Kritikern Tür und Tor, meinen Einsatz und den Einsatz anderer lächelnd vom Tisch wischen zu können – als ein angebliches Indiz für meine Unberechenbarkeit, für die angebliche Ahnungslosigkeit naiver Gutmenschen wie mir. Und das ärgert mich nicht nur. Es tut mir vor allem auch leid.

Ich glaube, dass mich diese Erfahrung in meinem Leben am Ende stärker gemacht hat. Und ich hoffe, dass ich meiner Verantwortung heute anders gerecht werde. Seit ich denken kann, wollte ich Verantwortung übernehmen, wollte an unmenschlichen Zuständen etwas verändern, Ungerechtigkeiten beseitigen, Dinge besser machen. Als Klassensprecher, als Sanitäter und Familienvater, bei der Caritas. Helfersyndrom? Möglich. Wahrscheinlich aber ging und geht es mir vor allem auch darum, gestalten zu können, und – ja! – in gewisser Weise auch darum, Macht zu haben. Macht, um eben nicht nur einen Menschen zu retten, sondern mit ihm alle anderen auch, die in einer ähnlichen Situation stecken. Ganz gleich, ob es nun um schutzsuchende Menschen geht, um obdachlose Menschen, die auf der Straße stehen, um Kinder in der Ukraine oder um von Armut betroffene Familien hier bei uns – ich halte es vermutlich einfach schlechter aus als andere, mich ohnmächtig zu fühlen, am Schicksal dieser Menschen nichts ändern zu können. Ich weiß: Diese Sensibilität für die Not in meiner Umgebung ist Stärke und Schwäche zugleich. Mir wird häufig gesagt – oft anerkennend, selten auch mit einem leisen Ton der Unterstellung –, dass ich die Geschichten anderer im Handumdrehen zu meinen eigenen Geschichten mache. Als durchlebte ich selbst deren Not und als würde ich sie kommunikativ verstärken. Als würde ich selbst auf der Straße leben, als wäre ich selbst auf der Flucht, als müsste ich all das Leid und die Not ein Stück weit auch immer selbst durchleben. Dahinter steckt kein Kalkül. Wenn ich mit Menschen rede, die bei uns in der Gruft ein und aus gehen, fällt es mir oft tatsächlich schwer, immer gleich die benötigte professionelle Distanz einzunehmen, die etwa unsere Sozialarbeiterinnen und Sozialarbeiter für ihre Arbeit brauchen. Ich empfand das lange als Makel. Heute weiß ich, dass es auch eine Stärke sein kann. Ich kann meine bescheidene Macht, meinen Einfluss geltend machen, um anderen Gehör zu verschaffen. Ich kann mich zumindest vorübergehend an die Seite dieser Menschen stellen und den Leuten da draußen sagen: „Was hier passiert, ist nicht okay. Wir können das besser."

Nach heftigen öffentlichen Auseinandersetzungen, zumal nach jenen, die sich über eine längere Zeit hinziehen, kann es mir passieren, dass ich vorübergehend in ein tiefes Loch falle. Das war so, nachdem die Räumung des Stadtparks von obdachlosen Menschen zu einem Runden Tisch von Politik, Polizei und NGOs und zu einem besseren Umgang mit obdachlosen Menschen geführt hat. Oder damals, als wir hunderttausende Österreicherinnen und Österreicher mobilisieren konnten, um für die Kinderrechte aller Kinder in unserem Land einzutreten. Auch als ich gegen kritische Stimmen aus den eigenen Reihen das

Caritas-Kältetelefon erfunden habe, war da am Ende dieses Loch. Und in selbiges fiel ich auch während der ersten beiden Wellen der Corona-Pandemie, als wir in kurzer Zeit mit hohem Einsatz und viel Herzblut neue Hilfsangebote aus dem Boden gestampft haben. Nach all diesen Phasen des Rennens und Umsetzens kann es mir passieren, dass ich plötzlich leerlaufe und nicht mehr kann. Selbst wenn ich objektiv betrachtet erreiche, was ich mir vorgenommen habe, heißt das nicht automatisch, dass ich glücklich und zufrieden bin. Spenden mobilisiert, mehr Hilfe ermöglicht, Reform angeschoben. Oft bleibt diese große innere Unruhe zurück. Aufgrund von Erschöpfung. Aber vermutlich auch, weil mir plötzlich der Sinn für meinen täglichen Einsatz abhandenkommt. Wie dieser Duracell-Hase, der auch dann noch läuft, wenn alle anderen bereits zum nächsten Kapitel übergegangen sind. Übel ist das dann, wenn ich den „Erfolg" selbst nicht oder nur als Etappensieg sehe. Ganz einfach, weil ich weiß, dass etwa mehr Spenden immer auch mehr Hilfe bedeuten.

Stark bin ich dann, wenn ich Anliegen, Projekte und Ziele trotz großer Widerstände in Angriff nehmen kann. Weil sie mich fordern, weil ich mir und anderen beweisen will, was alles möglich ist. Ich gehe mit meinem Kopf durch Wände. Ich kann mich verbeißen in Ungerechtigkeiten, die andere gar nicht sehen oder kampflos über sich ergehen lassen. Aber ich weiß auch, dass ich andere dabei irritiere und unterwegs verliere. Ganz einfach, weil ich oft auf Konventionen pfeife, weil ich Dinge, „die wir immer schon so gemacht haben", grundsätzlich infrage stelle. Ich weiß, dass ich Menschen nicht nur für die gute Sache begeistern kann, sondern dass ich mit meinem Vorgehen andere auch an ihre Grenzen bringe – meine Familie, wenn ich wochenlang kaum Zeit für sie habe. Aber auch Mitstreiterinnen und Mitstreiter, weil ich wie ein Getriebener nicht einfach aufhören kann. Weil aufhören sich für mich oft wie aufgeben anfühlt. Weil ich immer weiter gehen muss bis zu dem Zeitpunkt, da mir meine innere Stimme sagt: Es ist gut.

Am tiefsten Punkt dieser Löcher lebt die Angst. Die Angst, am Ende als der Böse unter den Gutmenschen entlarvt zu werden. Die Angst, am Ende der Typ zu sein, der den Erwartungen, die er permanent an andere stellt, auf Dauer selbst nicht gerecht werden kann. Die Angst vor dem Versagen. Ein Blender und Trickser, dem das „Ich" eben doch deutlich näher ist als das „Du".

Doch ich habe gelernt, mit dieser Angst und mit diesen Selbstzweifeln meinen Frieden zu machen. Weil ich weiß, dass am Ende nicht die Erwartungen zählen, die andere an mich stellen, sondern jene, denen ich selbst gerecht werden will – als Vater und Ehemann und als Vertreter einer Hilfsorganisation, vielleicht auch als „cariklaus", dieser Troll der Menschlichkeit. Und weil ich heute deutlich besser akzeptieren kann, dass es mir häufig um beides geht. Um andere und um mich. Weil ich weiß, dass es auch egoistische Gründe geben kann, um ein Altruist zu sein. Weil ich für mich zu der Überzeugung gelangt bin: Entscheidend ist nicht zuallererst, warum ich tue, was ich tue, sondern, dass ich etwas mache und dabei versuche, es gut zu tun. Ja, auch ein barmherziger Samariter kann in eigener Sache im Einsatz sein. Macht und Verantwortung zu haben ist meinem Gefühl nach nicht das Problem. Zumindest solange es mir gelingt, sie nicht missbräuchlich einzusetzen. Wer Verantwortung übernimmt, wird auch Fehler machen.

Gutmenschen müssen kritisch bleiben – gegenüber anderen, vor allem aber auch gegenüber sich selbst. Oder wie es der Mediziner Johannes Huber in seinem 2020 erschienenen Buch „Das Gesetz des Ausgleichs"* formuliert hat: „*Wir sollten unsere guten, aber eben auch unsere schlechten Seiten kennen, um die Menschen werden zu können, von denen wir vielleicht glauben, sie bereits zu sein. Gutsein lässt sich üben und trainieren wie einen Muskel. Moral ist ein Muskel, der ermüden, aber auch gestärkt werden kann. Und gute Taten sind Taten, bei denen wir der Stimme unseres Gewissens folgen. Wenn wir diese Stimme trainieren, einfach indem wir auf sie hören, wird sie lauter.*" Und auch andere werden ihr folgen.

---

* Johannes Huber: Das Gesetz des Ausgleichs.
Wien: Edition a, 2020

KaP!

tel 06

Follow me!
Warum wir jetzt ein neues Netz brauchen

Es sollte ausgerechnet die Begegnung mit einem Pensionisten ohne Smartphone und Facebook-Auftritt sein, die mich erkennen ließ, dass das Netz außer Kontrolle geraten ist. Ich lernte Franz R. in einem unserer Flüchtlingshäuser in Wien kennen. Es war eines jener Häuser, die 2015 in Rekordzeit und unter hohem Druck und Einsatz eröffnet wurden, um schutzsuchende Menschen in der Flüchtlingskrise vor der Obdachlosigkeit zu bewahren. Franz war nicht ganz freiwillig zu Gast. In Wirklichkeit war er vor die Wahl gestellt, die Kosten eines Prozesses zu tragen, den er zu verlieren drohte, oder einen Freiwilligeneinsatz im Haus Damaris zu absolvieren. Der Wiener hatte in einem Onlineforum einer großen österreichischen Tageszeitung behauptet, die Caritas würde Flüchtlinge mit teuren Handys ausstatten. So weit, so unspektakulär. Das Problem war: Es gab dort draußen zu dem damaligen Zeitpunkt verdammt viele Franz R.s. Es war eine Lüge, die im Netz gezielt verbreitet wurde und die es bis an die Stammtische der Wirtshäuser im ganzen Land geschafft hat. Der Vollständigkeit halber ergänze ich an dieser Stelle: Nein, die Caritas hat niemals Handys an Flüchtlinge verschenkt und auch keine Rechnungen für Smartphones übernommen, wie tausende Male ungestraft behauptet und verbreitet wurde. Nach monatelangen Versuchen aufzuklären, richtigzustellen, zu informieren, mussten wir uns eingestehen, dass dieses Dirty Campaigning gegen uns stärker war als unsere Mittel, dagegenzuhalten. Nach durchaus kontroversen Diskussionen innerhalb der Organisation entschieden wir uns, den Rechtsweg zu beschreiten – das immerhin zeigte Wirkung.

Da stand er also, half bei der Essensausgabe, schaute sich um, führte ein langes Gespräch mit der Leiterin des Hauses und sortierte Kleidung. Franz erzählte mir beim gemeinsamen Kaffee mit gesenktem Kopf, er sei kein Kampfposter. Er hatte keinen Account auf Facebook. Ein Blick auf sein altes Tastenhandy machte deutlich: Irgendwelche Apps hätten hier auch wenig Sinn. Franz hatte zeit seines Lebens gearbeitet und war nun im Ruhestand. Dass er gegen Flüchtlinge Stimmung gemacht hatte, wusste damals nur seine Frau. Vor Bekannten hielt er das Posten und das gerichtliche Nachspiel streng geheim. Nicht einmal seine drei erwachsenen Kinder wussten davon. Zu groß war seine Scham über den Tag, als er seine Wut in die Tastatur klopfte. Ich habe ihn gefragt, warum er die Unwahrheit gepostet hatte? Ihm seien die Sicherungen durchgebrannt. Ich glaube, Franz hatte auch das vage Gefühl, Flüchtlinge bekämen alles, und alle anderen nicht, und dass „die da oben" auf Menschen wie ihn zunehmend vergessen würden. Franz plauderte bei seinem unfreiwilligen Freiwilligeneinsatz mit zwei irakischen Familien und erkannte rasch, dass sie sich selbst versorgen mussten. "*Ich habe geglaubt, die leben wie im Hotel, haben ‚all inclusive' wie in Hurghada*", sagte er. Ängste vor dem Fremden spielten bei ihm wohl eine Rolle, schlechte Erfahrungen, die er gemacht hatte. Vielleicht hatte Franz einfach das Gefühl, dass es in unserem Land zunehmend schwieriger geworden sei, seine Meinung offen auszusprechen. Frei nach der Devise: Das wird man wohl noch sagen dürfen.

Franz teilte diese Sorge mit nicht wenigen Menschen in unserem Land und mit noch mehr in anderen Ländern entwickelter Demokratien. Zahlen aus Deutschland machten das deutlich. Einer Umfrage der Bertelsmann Stiftung zufolge sagten zu diesem Zeitpunkt zwei Drittel der Deutschen, man müsse aufpassen, zu welchen Themen man sich auf welche Art äußere. Gemeint waren Themen wie Flüchtlinge, Islam, Nazizeit oder Juden und Populismus. Mehr als die Hälfte sagte, dass es ihnen "*auf die Nerven geht, dass einem immer mehr vorgeschrieben wird, was man sagen darf und wie man sich zu verhalten hat*". Nichts spricht dafür, dass diese Werte in Österreich damals oder heute dramatisch besser wären.

Es ist paradox: Noch nie konnten wir Meinungen so frei und öffentlich äußern wie heute, und selten zuvor war die geäußerte Sorge um die Meinungsfreiheit größer. Das Motto vieler Menschen lautet heute wie in Astrid Lindgrens "*Pippi Langstrumpf*": Ich mach mir die Welt, wie sie mir gefällt. In meiner Timeline. In meinem

Newsfeed. In meiner Bubble. In meiner Befindlichkeit. In meiner Verfasstheit. Und zum Teil sind es nicht einmal wir, die wir uns die Welt zurechtschustern, sondern irgendwelche Algorithmen und Unternehmen – vielleicht unter Nutzung der zuvor bereitwillig geteilten persönlichen Daten. Auch meiner.

Ich glaube, die Geschichte von Franz ist auch eine Geschichte über Macht und Ohnmacht alter und neuer Medien. Eine Geschichte über Emotionen und Fakten. Und ein Lehrstück dafür, wie soziale Medien uns zu asozialen Wesen machen können. Ich hatte nach der fast zweistündigen Begegnung jedenfalls das Gefühl: Franz ist Täter und zugleich Opfer. Weil er einerseits natürlich selbst zu verantworten hat, was er gepostet hat. Weil er sich andererseits aber wie die meisten von uns zunehmend in einer digitalen Wirklichkeit bewegt, in der gute Geschäfte mit negativen Emotionen gemacht werden. Wir alle kennen beides: den Mut und die Angst. Die Liebe und den Hass. Den Glauben und den Zweifel. Die Empörung und das Bedürfnis nach Harmonie. Wenn Algorithmen im Netz aber der Angst gegenüber dem Mut systematisch den Vorzug geben, wenn Hass einfach besser klickt als Liebe und die Lüge viraler geht als die Wahrheit – wie viel Schuld trifft dann Franz R. und die vielen anderen? Auch ich habe meiner Wut und meiner Empörung im Netz schon freien Lauf gelassen und dabei wild in die Tasten gehämmert, was mich bewegt, ohne lange zu überlegen, was ich damit bewege. Und auch ich habe möglichst viele !!!!!!!!!!!!!!!! dafür verwendet und zu BLOCKBUCH-STABEN gegriffen. Empörungswellen und Shitstorms waren die Folge. Ob sie wirklich zu nachhaltigen Veränderungen geführt haben, wage ich rückblickend eher zu bezweifeln. Sie generieren Aufmerksamkeit, meist haben sie eher Fronten verhärtet, vielleicht haben sie wenigstens ein paar Menschen erreicht und zum Nachdenken gebracht.

Fest steht, die Digitalisierung verändert alle unsere Lebensbereiche, egal ob uns das gefällt oder nicht. Sie verändert die Art und Weise, wie wir denken und wie wir leben. Ja, selbst die Frage, wen wir lieben und wen wir wählen, ist davon betroffen. Wir finden unsere Partner im Netz, Fakeprofile und Chatbots beeinflussen frei gewählte Demokratien, Datenspezialisten manipulieren Referenden und wissen schon im Vorhinein, was wir morgen kaufen werden und was nicht. Trump und Brexit. Tinder und Trollarmeen. Candystorm und Hass im Netz.

Innerhalb einer Minute werden im Internet heute mehrere Millionen Videos auf Youtube gesehen, zig Millionen Nachrichten via Whattsapp versandt und unzählige Suchanfragen auf Google gestellt. Das Smartphone hat eine Kulturrevolution ausgelöst – im Guten wie im Schlechten. Ohne Netz kein Arabischer Frühling und keine Demokratiebewegung in Belarus. Ohne soziale Medien keine Black-Lives-Matter-Bewegung. Greta Thunberg würde wohl noch immer ziemlich allein vor dem schwedischen Parlament demonstrieren. Und #metoo ohne Twitter? Vermutlich nicht. Doch wir lassen eben nicht nur Menschen, sondern auch Konzerne auf Social Media an unserem Leben teilhaben. Wir bezahlen – oft ohne es zu wissen – nicht nur mit der Kreditkarte, sondern mit unseren höchstpersönlichen Daten. Wir geben leichtfertig und ohne lange zu überlegen mehr von uns preis, als wir engen Freundinnen oder Partnern je anvertrauen würden. Die Wahrheit konkurriert mit Fake News. Und die rechtsstaatlichen Möglichkeiten laufen den rasanten digitalen Entwicklungen hinterher. Verschwörungstheorien werden von Superspreadern so rasant verbreitet wie die B.1.1.7-Mutation des Coronavirus in der Pandemie: je abstruser, umso erfolgreicher. Bill Gates hat demnach nicht nur Microsoft, sondern auch das Virus erfunden. Eliten trinken Kinderblut. Tech-Giganten pflanzen ahnungslosen Bürgerinnen und Bürgern Chips unter die Haut. Und über den Köpfen der „Querdenker" sind die Chemtrails noch klar am blauen Himmel erkennbar. *„Mittlerweile kennt jeder jemanden, der an Verschwörungstheorien glaubt"*, hat es Claus Oberhauser, ein Historiker aus Innsbruck, so treffend formuliert. Aber die Querdenkerei kann im Netz nicht zuletzt deshalb so florieren, weil uns allen das Denken über den eigenen Bubblerand hinaus systematisch abgewöhnt wird. Wir versichern uns zunehmend gegenseitig, dass unsere eigene Sicht auf die Welt und die eigene Meinung die einzig richtigen seien. Unseren Followern gefällt das. Und jene, die das anders sehen, werden straight geblockt. Cancel-Culture im Kleinformat. Funktioniert ja alles so einfach und unkompliziert.

All das verändert nicht nur die Welt, es verändert uns im Inneren selbst. Ich weiß nicht mehr, wann es geschah und was der genaue Auslöser war, doch irgendwann habe ich in den letzten Jahren etliches an meinem Social-Media-Verhalten schrittweise verändert. Wenn mir jemand wütend oder hasserfüllt in den Kommentaren unter ein Posting schreibt oder über den Messenger eine aggressive Nachricht schickt, versuche ich in beiden Fällen nicht gleich mit emotionalen, harten Worten und mit vielen Ausrufezeichen zu antworten. Ich bemühe mich, auf Direktnachrichten lieber mit schlichten Fragen zu antworten. Ich erkundige mich nach dem Auslöser der Emotion, ich versuche dahinterzukommen, was und wer mein virtuelles Gegenüber so in Rage bringt. Manchmal muss ich ehrlicherweise resignieren, immer wieder habe ich aber schon sehr positive und durchaus überraschende Erfahrungen gemacht. Einige Male haben mir Menschen nach mehrmaligem Hin- und-her-Schreiben erzählt, dass sie sich selbst in einer schwierigen Situation befänden, verzweifelt seien und Hilfe bräuchten. Manchmal ist es sogar gelungen, die Wutposter an unsere Sozialberatungsstelle zu vermitteln. Konkret erinnere ich mich an eine alleinerziehende Mutter mit einem Kind mit Behinderung und einen langzeitarbeitslosen Menschen, die mir arge Worte und Anschuldigungen um die Ohren geknallt haben. Beide haben sich auf einen Dialog eingelassen, beiden konnten wir zumindest ein wenig weiterhelfen. Gelegentlich habe ich mich mit Menschen auch persönlich getroffen, mit denen ich mir auf Social Media einen verbalen Schlagabtausch geliefert hatte.

Doch all das kann nicht darüber hinwegtäuschen: Die große prophetische Erzählung der Befreiung, die mit den Anfängen des Netzes einherging, hat an Überzeugungskraft verloren. Datenschützer wie Max Schrems, aber auch Politiker klagen Facebook und Co. – das wurde aktuell in der Pandemie deutlich. Amazon ist nicht mehr nur das nette Online-Kaufhaus, sondern zugleich der Arbeitgeber, der seine Mitarbeiterinnen und Mitarbeiter ausbeutet, immer mehr lokale Händler in den Ruin treibt, Erdgeschoßflächen in Innenstädten leerfegt und gerne möglichst wenig Steuern zahlt. Politikerinnen und Politiker rufen vermehrt und immer lauter nach einer Regulierung der Silicon-Valley-Unternehmen. Es sickert allmählich die Erkenntnis in die Mitte der Gesellschaft durch, dass sich diese Konzerne eine neue Wirklichkeit erschaffen, ohne auf die Gesetze der analogen Welt Rücksicht zu nehmen. So wie Franz R. auf Fakten pfiff, pfeifen Facebook und Co. auf geltendes Recht. *„Wir glaubten, Google zu durchsuchen, aber Google durchsuchte uns"* – so formulierte es die Harvard-Ökonomin Shoshana Zuboff vor wenigen Jahren.

Wenn ein Leben ohne Smartphone für viele – für mich ganz besonders – nicht mehr vorstellbar ist, dann hat das nicht nur damit zu tun, dass diese Medien so unfassbar praktisch und nützlich sind, sondern auch damit, dass deren Chefs wissen, wie sie uns in eine immer größere Abhängigkeit treiben. Studien sonder Zahl belegen: Das Netz macht süchtig wie Schokolade. Habe ich ausnahmsweise einmal mein Smartphone vergessen, bekomme ich Entzugserscheinungen wie ein Junkie. Der erste Blick am Morgen nach dem Aufwachen gilt dem Handy. Der letzte Check am Abend vor dem Einschlafen: Mails, Twitter, Facebook und Instagram – meinen Säulenheiligen im Web. Ich könnte mein digitales Konsumverhalten tracken. Auswerten lassen, wie viele Stunden ich am Tag online verbringe. Ich habe es schon einmal versucht, und es erschrocken wieder bleiben lassen. Ich weiß es auch so: Es sind viel zu viele Stunden. Ich merke es dann, wenn ich zu Hause abwesend ins „Kastl" schaue und meine Frau oder meine Kinder mich ansprechen, ohne dass ich davon die geringste Notiz nehme. Das führt zu Auseinandersetzungen, denen ich aber geschickt auszuweichen weiß. Ich weiß umgekehrt, wie sehr es mich nervt, wenn andere in ähnlichen Situationen nicht reagieren. Mir ist bewusst, was für ein schlechtes Vorbild ich meinen Kindern in diesen Belangen bin, wie blöd ich mich fühle, wenn gerade ich zu ihnen sage: „Jetzt leg endlich dein Handy weg!" Es wird deutlich, wenn ich in beruflichen Terminen heimlich übers Display wische und wenn ich mir dann einzureden versuche, dass das permanente Online-Sein Teil meiner Job Description sei.

Ich meine das nicht kokett. Aber mich beschäftigt die Frage in Anlehnung an einen bekannten Buchtitel immer mehr: *„Wer bin ich und wenn ja, wie viele?"* Die Grenzen zwischen analog und digital verschwinden zusehends. Das wird oft so dahingesagt. Ich finde das keinesfalls übertrieben. Im Gegenteil: Mir fällt es zugespitzt formuliert selbst zunehmend schwerer, die Trennung zwischen meinem analogen und meinem digitalen Ich, zwischen Klaus Schwertner und diesem „cariklaus", klarzubekommen. Ich bin überrascht, weil mich unbekannte Leute auf der Straße vertraut ansprechen, weil „wir uns von Facebook kennen". Und Google und Co. kennen mich – uns alle – mittlerweile besser als unsere Partner, selbst wenn wir das noch immer nicht wahrhaben wollen.

Die positiven Seiten der Digitalisierung sind zweifellos enorm. Nirgends schneller als im Netz können wir als Hilfsorganisation heute viele Menschen erreichen, Spenden sammeln und dringend benötigte Hilfe in Krisensituationen organisieren. Ein Aufruf im Netz für warme Winterkleidung kann wildfremde Menschen dazu bewegen, ihre Kleiderkästen zu durchforsten, auszusortieren und Säcke voll mit winterfesten Sachen in die Gruft zu bringen. Freiwillige klicken sich durch Doodle-Links und verteilen kurze Zeit später Suppe an obdachlose Menschen. Täglich schreiben mir Menschen als Reaktion auf meine Postings, Storys und Tweets zumeist mit der Frage „Wie können wir helfen?" oder auch, wo sie Hilfe erhalten können. Die

Unterscheidung: hier die echte Welt und dort die Algorithmen – das geht sich heute nicht mehr aus. Das eine ist vom anderen nicht mehr klar zu unterscheiden. Ich glaube, einer der wesentlichen Vorteile ist, dass wir einander trotz örtlicher Distanz irgendwie nahe sein können, uns nicht ganz aus den Augen verlieren. Teilweise bleibt diese Nähe vermutlich Illusion und natürlich kann sie persönliche Nähe nicht ersetzen. Für mich jedenfalls nicht.

Doch der Umstand, dass wir unsere Identitäten zunehmend mehr ins Netz verlegen, hat Folgen. Unsere Avatare nehmen eine, wenn schon nicht gleichwertige, dann doch in Ansätzen gleichbedeutende Rolle ein. In den Augen vieler Menschen bin ich die Summe meiner Facebook-Postings und Insta-Storys. Sie glauben mich zu kennen und wissen doch so vieles nicht von mir. Und der Punkt ist: Das Digitale verändert nicht nur das Leben eines Technerds wie mir. Wie dominant das Netz geworden ist, wird gerade auch dadurch sichtbar, wie sehr es auch das Leben all jener verändert, die dem Internet und sozialen Medien zu entsagen versuchen. Selbst, wer Twitter für das Böse hält und meidet, kam in den letzten Jahren etwa an Trumps Ausbrüchen in Großbuchstaben nicht vorbei. Nahezu unser gesamtes soziales und berufliches Leben zwingt uns dazu, das Netz zu nutzen. Wer es meidet oder nicht teilhaben kann, gerät ins gesellschaftliche Abseits – erweckt den Eindruck, etwas zu verbergen oder es zumindest zu versuchen bzw. mit dem vermeintlichen und tatsächlichen Fortschritt der Zeit nicht Schritt halten zu wollen.

Zu einer Zeit, als es Google und Facebook noch nicht gab, schrieb der Soziologe Niklas Luhmann das Buch „Die Gesellschaft der Gesellschaft". Er vertrat darin die These, dass die Gesellschaft die Einführung von Schrift, Buchdruck und Computer nur überleben konnte, weil es immer wieder von Neuem gelang, Wege zu finden, mit der neuen Informations- und Wissensflut zurechtzukommen. Denn all diese Medien stellen mehr Möglichkeiten der Kommunikation bereit, als eine Gesellschaft zunächst bewältigen kann. Ich glaube, an einer solchen Schwelle der Geschichte stehen wir auch heute. Der Historiker Timothy Garton Ash spricht sogar von einer neuen Epoche der Meinungsfreiheit: Und diese Freiheit müssen wir erst einmal verdauen – auch und gerade weil sie uns neben Aufklärung vor allem auch Fake News und Trumpismus beschert hat.

Vielleicht beginnen wir auch allmählich zu begreifen, dass unsere Privatsphäre nicht mehr akzeptiert wird. Wenn wir immer überall gleichzeitig sein können und alles, was wir online machen, zu wertvollem Datenmaterial wird, das von anderen gewinnbringend gesammelt, ausgewertet und genutzt wird – dann ist die Idee des Privaten vermutlich längst selbst privatisiert. Die Harvard-Ökonomin Shoshanna Zuboff zog in mehreren Interviews einen spannenden Vergleich: Während der Industriekapitalismus unsere Natur und

Umwelt ausbeutete, beuten die neuen Technologien den Menschen aus. Der Mensch wird zum Rohstoff. Daten sind das Kapital und die Währung der Zukunft.

Ich will mich hier keinesfalls als Untergangsprophet in Szene setzen. Das wäre angesichts meines eigenen Nutzungsverhaltens wenig glaubwürdig. Ich halte es trotzdem für entscheidend, dass wir diesem Wandel nicht naiv gegenüberstehen. Wir sind mit den Folgen – den positiven wie den negativen – allerorts konfrontiert. Wie kann es uns also gelingen, den Begriff der universellen Menschenwürde und Nächstenliebe vom analogen ins digitale Zeitalter zu überführen? Wie kann eine digitale Spaltung unserer Gesellschaft verhindert werden? Und wie wird die Digitalisierung wieder zu einem Instrument der Aufklärung und des Zusammenhalts? Und was können wir alle dazu beitragen, um in Zeiten wie diesen mehr Liebe in die Welt zu bringen?

Die Lösung kann nicht lauten, jeden einzelnen Hassposter vor Gericht zu zerren und jede einzelne Datenschutzverletzung bis zu den Obersten Gerichtshöfen durchzujudizieren. Wir müssen uns für ein Netz starkmachen, das unseren sozialen Zusammenhalt stärkt und nicht schwächt; das lang erkämpfte Rechte und das Individuum und seine unveräußerliche Würde schützt. Auch der Industriekapitalismus, der völlig neue Realitäten für ganze Gesellschaften schuf, musste einst gezähmt werden. Etwa wenn es um Rechte von Arbeiterinnen und Arbeitern ging, um Mindestlöhne oder um das Verbot von Kinderarbeit – für diese und viele andere Errungenschaften waren Jahrzehnte des sozialen und politischen Verhandelns und Ringens notwendig. Vermutlich werden wir diesen Kampf erneut führen müssen, durch demokratischen Druck, mit Mut und Entschlossenheit.

Im wenige Tage alten Jahr 2021 verfolgten weltweit Menschen geschockt die Bilder und Videos eines wild gewordenen Mobs, der das Kapitol in Washington stürmte. Vorausgegangen waren jahrelange Propaganda, Lügen und hetzerische Aussagen des US-Präsidenten selbst – ungefiltert rausgeblasen via Twitter, wo der Hass ein Millionenpublikum fand. Ich bin mir sicher, dass Demokratie und der Rechtsstaat letztlich stärker sein werden als diese gewaltbereiten Menschen, die, vom Präsidenten selbst ermutigt, die Herzkammer der US-Demokratie erobern wollten. Aber diese Ereignisse sollten uns allen eine ernste Warnung sein – davor, wie schnell Fake News und Populismus wirken, wie schnell ihr Gift in digitale Echokammern sickert und wie gefährlich und real die Folgen sein können. Wie schnell und wie massiv sich digitaler Hass auch auf der Straße entladen kann. Der Kongress setzte den Bestätigungsprozess von US-Präsident Biden nach dem Sturm auf das Kapitol fort. Es folgten beeindruckende Reden aus beiden politischen Lagern. Mir wurde in diesem Moment einmal mehr bewusst, dass die Demokratie im historischen Kontext betrachtet noch immer ein zartes Pflänzchen ist – ganz gleich, wie selbstverständlich sie uns heute erscheinen mag. Wir müssen uns dessen immer wieder aufs Neue bewusst werden und sie regelmäßig stärken und zum Wachsen bringen, damit sie letzlich auch im digitalen Raum tiefe Wurzeln schlagen kann. In diesem Zusammenhang nur auf die Politik zu schimpfen und dann womöglich nicht einmal vom eigenen Wahlrecht Gebrauch zu machen wird uns nicht weiterbringen. Im Gegenteil. Betrachten wir die Bilder der Demonstranten gegen die Corona-Maßnahmen in deutschen und österreichischen Städten, dann wissen wir: Auch auf diesen Kundgebungen tummeln sich Rechts- und Linksextreme, Verschwörungstheoretikerinnen, Staatsverweigerer, aber auch zahlreiche Familien und Pensionistinnen, frustrierte oder ängstliche Menschen. Menschen, die das Gefühl haben, auf sie würde vergessen. Populismus arbeitet mit diesen Ängsten und Emotionen. Populisten wollen spalten. Populisten bringen Menschen gegeneinander in Stellung. „Wir" gegen „die anderen". Und im Netz finden sie einen Humus vor, auf dem ihre Saat besonders gut und rasch gedeiht.

Soziale Medien und Digitalisierung beschleunigen diese Entwicklungen. Das Ziel sollte lauten, Digitalisierung so zu gestalten, dass sich ihre positiven Kräfte für möglichst alle Menschen entfalten können. Eine Digitalisierung, die unsere Gesellschaft spaltet, ist keine Digitalisierung, die wir weiter anstreben sollten. Wir haben die Wahl. Nicht nur an den Urnen, sondern jeden Tag. Es liegt an uns, uns für Demokratie, Gerechtigkeit, Freiheit und Zusammenhalt einzusetzen.

Analog und digital. Soziale Medien dürfen niemals dazu führen, dass wir uns im Zweifel lieber asozial verhalten. Worum es mir also geht, ist Gerechtigkeit. Wenn das Netz immer mehr zu einem digitalen Ableger unserer Gesellschaft wird – und das tut es ohne Zweifel –, dann sollten in dieser digitalen Parallelgesellschaft auch dieselben Gesetze und Maßstäbe gelten. Dann sollte dort die Würde des Menschen außer Streit gestellt sein und sein Recht auf Privatsphäre respektiert werden. Der Artikel 1 der allgemeinen Erklärung der Menschenrechte gilt auch im Netz: *„Alle Menschen sind frei und gleich an Würde und Rechten geboren. Sie sind mit Vernunft und Gewissen begabt und sollen einander im Geist der Solidarität begegnen."* Ich habe diesen Satz sowohl auf Facebook als auch auf Twitter als Titelbild gewählt. Als friendly Reminder an mich selbst und für andere. Like deinen Nächsten wie dich selbst! Das wäre zumindest ein erster, kleiner Schritt und bekanntlich beginnt jede Veränderung mit diesen ersten Schritten.

Franz R. sagte mir nach seinem Besuch in der Flüchtlingseinrichtung, er habe wieder gelernt, beide Seiten zu hören. Die Begegnung mit der analogen Wirklichkeit tat ihm gut. Ich glaube: Diese Begegnung täte uns allen gut, weil wir uns in einem Punkt vermutlich alle nicht wesentlich von Franz R. unterscheiden: Wir alle glauben, stets auf der richtigen Seite zu stehen. Vielleicht die größte Fake News, die uns die Algorithmen beschert haben.

KaP!

tel 07

Kommen Gutmenschen eher in den Himmel?

Ich glaube nicht an einen strafenden Gott, der über uns urteilt und uns verurteilt, so wie ich das als kleines Kind in der Klosterschule vermittelt bekommen habe. Im Kindergarten hatte ich eine sehr liebevolle, empathische Klosterschwester. Danach unterrichtete mich die ersten zwei Volksschuljahre eine strenge Ordensfrau. Spannend, wie intensiv mir diese beiden so unterschiedlichen Frauen in den Sinn kommen, wenn ich darüber schreibe, woran ich glaube. Die eine lehrte mich die Güte, die andere das Fürchten. In der Volksschule wurden wir noch in den 1980er-Jahren mit heute undenkbaren Methoden diszipliniert. Immer wieder mussten wir zur Strafe bis zum Ende der Stunde mit dem Gesicht zur Wand in der Ecke stehen. Wenn unsere Hände nicht ruhig am Tisch blieben und wir nicht ruhig auf unseren Sesseln saßen, schlug die Lehrerin uns mit dem großen Tafellineal hart auf die Handrücken. Und wenn wir besonders „schlimm" waren, zog sie uns seitlich bei den Schläfen an den Haaren. Ich fürchtete mich vor ihr und doch sehnte ich mich stets nach ihrem Lob und ihrer Anerkennung. Oft saß ich deshalb ewig lange am Nachmittag über meinen Heften, um irgendwelche Zierleisten unter meine Hausübungen zu malen. Meine Kindergärtnerin, Schwester Birgit, war das genaue Gegenteil, sie förderte uns Kinder liebevoll, ermutigte uns, Neues zu entdecken, war verständnisvoll und tröstete uns, wenn wir traurig waren. Sie bot uns Kindern viel Geborgenheit und aus dieser Sicherheit heraus konnten wir uns gut entwickeln und wachsen. Für mich stehen diese beiden Frauen meiner Kindheit ein Stück weit für das Spannungsfeld in der Kirche insgesamt. Angst, Schuld und Sünde auf der einen Seite, Vergebung, Zuversicht und Barmherzigkeit auf der anderen. Dieser strafende Gott, die ständige Frage nach der großen Schuld, das passt heute nicht mehr in mein Glaubensbild, ich habe es zum Glück irgendwann hinter den Mauern der Klosterschule in Kritzendorf zurückgelassen. Was mich heute beschäftigt, sind Zeilen und Gedanken wie die von Elfriede Gerstl:

„mein himmel ist hier und jetzt
mein himmel ist meine vorstellung
von himmel
er ist die freundlichkeit
verlässlichkeit
anteilnahme
bei glücks- und unglücksfällen
mein himmel ist nicht voller geigen
sondern voll solidarität
mein himmel ist auch eine utopie
von einer gerechteren welt
in der einsicht und nachsicht
tägliche realität sein sollte
himmel ist das festgeknüpfte netz
ähnlich denkender und fühlender

*und das glück
ihm anzugehören
wenn es noch einen anderen himmel
geben sollte
lasse ich mich überraschen"**

Ich werde immer wieder gefragt, wie religiös ich bin. Ob man „bei der Kirche sein" und jeden Sonntag den Gottesdienst besuchen muss, um für die Caritas arbeiten zu können. Fragen, auf die ich mir oft denke: Um Himmels willen, nein. Bin ich superreligiös? Ich würde sagen: Eher nein. Glaube ich an Gott? Ja, das tue ich. Was meine ich damit genau? Ich gestehe: Ich habe kein klares Gottesbild. Ich glaube jedenfalls nicht an den weißen bärtigen Mann im Himmel, der über allem thront und über alles richtet. Gott ist genauso wenig ein Mann, wie Mausi Lugner eine Maus ist, hat es mein Chef, Michael Landau, in einem Zeitungsinterview einmal formuliert.

Für mich hat Glaube weniger mit Dogmen und fixen Glaubenssätzen als viel mehr mit Hoffnung und einer intuitiven Ahnung zu tun. Mein 13-jähriger Sohn Severin ist sich ziemlich sicher, dass es nach dem Tod etwas geben muss. Was das ist, das bleibt auch für ihn verschwommen und unklar. Valentin, unser Elfjähriger, denkt, wie auch meine Frau, dass das Leben auf das Diesseits beschränkt ist. Ob da etwas ist, was genau das

---

* Elfriede Gerstl: Mein papierener Garten. Gedichte und Denkkrümel
Graz – Wien: Literaturverlag Droschl, 2006

sein könnte, ob es einen Himmel gibt oder ein Leben nach dem Tod – für beide sind diese Dinge schwer vorstellbar. Wie das mit dem Leben nach dem Tod genau aussieht, kann ich mir ehrlich gesagt auch nur schwer vorstellen. Da geht es mir nicht anders als meinen Kindern, meiner Frau und vermutlich den meisten anderen Menschen. Wir sprechen nicht oft darüber, aber vielleicht beschäftigt es mich mit zunehmendem Alter mehr. Wenn wir am Grab eines Menschen stehen oder an einem anderen Ort verstorbenen Menschen nahe sind, die wir lieben, dann ist da nicht nichts. Natürlich ist unbestritten, dass auch unser Körper einmal geht, aber das Wesentliche eines Menschen bleibt. Ich glaube jedenfalls, dass es mehrere Wege gibt, unsere Wirklichkeit und den Sinn unseres Lebens zu erfassen, als ausschließlich mit den Mitteln unseres Verstandes. Ist es nicht viel wahrscheinlicher, dass wir mit den uns zur Verfügung stehenden Instrumenten und Sinnen eben nur einen winzigen Ausschnitt der Wirklichkeit verstehen können? So wie man in einer klaren Winternacht auf den Sternenhimmel blickt und manches sieht, was gar nicht mehr existiert, oder mit einem Teleskop immer nur einen kleinen Ausschnitt des Universums betrachten kann und nie die unendliche Weite, das Ganze. Die Welt, wie sie unser Intellekt sieht, bildet vermutlich eben nicht die ganze Wahrheit ab.

Als Mitarbeiter einer katholischen Hilfsorganisation über „meinen" Glauben zu schreiben führt mich womöglich auf sehr dünnes Eis. Ich bin kein Theologe, bin weder Experte in Kirchengeschichte, noch habe ich mich intensiv im Rahmen eines Studiums mit moralischen oder ethischen Fragen beschäftigt. Wenn ich also über meinen Glauben nachdenke, dann lege ich ein sehr persönliches Zeugnis ab. Ich mache das nicht, um zu „missionieren" oder weil ich glaube, dass man gläubig sein muss, um ein gutes Leben führen und ein guter Mensch sein zu können – es wird vermutlich auch Waffenhändler oder Managerinnen von Glücksspielkonzernen geben, die sich als gläubig verstehen (vielleicht eher selten), und es wird ungläubige Samariter und Krankenpflegerinnen geben (vermutlich nicht wenige). Nein, ich bin mir sicher, es gibt tatsächlich viele gute Gründe, gut und kein Arschloch zu sein.

Über Jahrzehnte und Jahrhunderte wurde uns eingeredet, nur die Starken setzten sich in einer Gesellschaft durch, der Mensch wäre dem Menschen ein Wolf, ein jeder ein Homo oeconomicus, allein auf den eigenen Vorteil bedacht. Jede bzw. jeder ist ihres/seines eigenen Glückes Schmied! Die Art und Weise, wie wir wirtschaften und wie wir leben, fußt auf diesen Annahmen, unsere Gesellschaften funktionieren nach diesem Schema. Selbst dann noch, wenn klar ist, dass diese holzschnittartige Darstellung der Wirklichkeit nicht einmal in Ansätzen gerecht wird. Immanuel Kant schrieb: *„Der Mensch hat nicht Wert, der Mensch hat Würde."* Untersuchungen und Studien sonder Zahl machen mittlerweile deutlich, dass Menschen im Zweifel lieber gut sind und auch so handeln.

Heute leben knapp acht Milliarden Menschen auf diesem Planeten. Viele von ihnen glauben an Gott, andere an Allah oder Jawhe. Sehr viele glauben an nichts und an niemanden, andere wiederum basteln sich ihren Glauben lieber selbst. In einem aber, das belegen Studien, sind sich die meisten Menschen ziemlich verlässlich einig, nämlich darin, was ein guter Mensch ist. Gut ist, wer für andere da ist und anderen hilft. Gut ist, wer sich selbst im Gegenüber, das Gegenüber in sich selbst zu erkennen vermag. Menschen, die einander helfen – dem Bruder, der Schwester, dem Fremden. Wir alle spüren ganz intuitiv, was richtig und was falsch ist. Wir wissen meist, was wir tun sollten und doch nicht immer tun. Es gibt ihn, diesen archimedischen Punkt des Guten. Tief verwurzelt in uns allen.

Der Verhaltensforscher Brian Hare etwa hat vor nicht allzu langer Zeit ein Buch mit dem Titel „*The Survival of the Friendliest*" geschrieben – das Überleben der Freundlichsten. Und nicht nur der Titel klingt wie eine Gegenrede zu Charles Darwins „*Survival of the Fittest*". Mit etlichen Beispielen aus der Tier- und Pflanzenwelt macht Hare deutlich: Freundlichkeit ist die Siegerstrategie des Lebens. Verstärkte Kooperation hilft jeder Spezies dabei, sich weiterzuentwickeln. Oft durchgeführte Versuchsanordnungen wie das „Ultimatum-Spiel" machen deutlich, dass das, was für Pflanzen und Tiere gilt, auch auf uns Menschen zutrifft: Wir neigen zur Kooperation und sind gewillt, nicht nur auf uns selbst, sondern auch aufeinander zu schauen. Beim Ultimatum-Spiel erhält ein Spieler eine Geldsumme und darf frei entscheiden, wie viel er davon an seinen Mitspieler abgibt. Stimmt dieser zu, dürfen beide ihre jeweilige Summe behalten. Lehnt der andere das Angebot ab, müssen beide Probanden ihr Geld wieder abgeben. Das Experiment ist Legende und wurde vielfach durchgeführt. Das Ergebnis ist dabei stets dasselbe: Menschen spielen fair, solange sie davon ausgehen können, dass auch ihr Gegenüber, dass die Gesellschaft selbst nach fairen Prinzipien organisiert ist.

Selbst Evolutionsbiologen haben gute Gründe für das Gute im Menschen gefunden: Die Evolution belohnt demnach Verhaltensweisen, die das Überleben der Spezies sichern. Wer etwas Gutes für andere tut, fühlt sich auch selbst besser. Es gibt einen medizinisch erforschten Zusammenhang zwischen der Psyche und unserer Gesundheit. Erfolgreich war und ist, wer kooperiert. Ganz gleich, ob es in grauer Vorzeit bei unseren Vorfahren darum ging, im Verbund zu jagen und so das Überleben der Gruppe zu sichern, oder ob wir heute füreinander da sind, um uns im Krankheitsfall zu pflegen oder mit sozialstaatlichen Strukturen dafür zu sorgen, dass niemand vergessen wird. Denn was für den Einzelnen gilt, gilt auch für Gesellschaften insgesamt: Es kann uns mittel- und langfristig nur gemeinsam gut gehen.

Wenn man also nicht gläubig sein muss, um ein guter Mensch sein zu können, warum ist es mir dann dennoch ein Anliegen, über meinen Glauben zu schreiben? Ganz einfach, weil mir der Glaube nicht nur nicht im Weg steht, sondern weil er für mich – so vage und unpräzise er sein mag – wesentlicher Motor und inneres Kraftwerk ist, das zu tun, was ich tue und wie ich es tue. Weil der Glaube mir dabei hilft, immer wieder aufs Neue das Wesentliche vom Unwesentlichen zu unterscheiden, zu reflektieren, kritisch und unbequem zu bleiben. Er hilft mir, die Frage wachzuhalten, was im Leben wirklich zählt und was vielleicht weniger wichtig ist. So wie es die deutsche Pädagogin Marianne Gronemeyer in ihrem Buch „*Das Leben als letzte Gelegenheit*" analysiert. Oft sind wir und auch ich Getriebene: Wir wollen maximales Glück in minimaler Zeit. Wir müssen möglichst schnell leben, in der Arbeit, in der Liebe, in der Freizeit, überall und am besten immer. Das Leben als letzte Gelegenheit ist stark geprägt von einer unterbewussten Angst, in der uns zur Verfügung stehenden Zeit zu kurz zu kommen. Gegentrends wie Entschleunigung, Meditation oder Yoga boomen. Wer sich hingegen zum eigenen Glauben bekennt, wird rasch belächelt. Was mich aber glauben lässt, ist das Vertrauen darauf, dass es im Leben etwas gibt, das größer ist als wir selbst, eine letzte Wirklichkeit – die über uns hinausweist. Der Verweis auf die Ewigkeit in unserer vom „Sofortismus" geprägten Zeit.

Wenn der Benediktinermönch David Steindl-Rast über den „Mönch in uns" spricht und darüber, dass wir Mystikern einen schlechten Dienst erweisen, wenn wir sie auf ein Podest stellen und sie als besondere Art von Mensch betrachten, dann ist es das, was ich selbst immer wieder für mich erkenne und wozu ich andere ermutigen möchte, es für sich wahrzunehmen: Wir selbst sind die Veränderung, denn, wie es Steindl-Rast so treffend formuliert, es hat ganz viel mit dem „Kind in uns" zu tun, mit der Sehnsucht, einen Sinn zu finden, mit einer Offenheit für Sinn, der in Hektik und Alltagsstress leicht in Vergessenheit gerät und von der Zweckorientierung überschattet wird. Wobei es nicht darum geht, Zweck und Sinn gegeneinander auszuspielen. Viel eher ist gemeint, dass es an uns liegt, dem Sinn wieder mehr Bedeutung und Aufmerksamkeit zu geben, um beide in eine Balance zu bringen. Dabei geht es um die Erkenntnis, dass wir nicht nur den Verstand einsetzen, sondern dass auch Achtsamkeit unseren Geist ausmacht, oder wie es André Heller einmal in einer bemerkenswerten Rede formulierte: *„Die Weltmuttersprache ist das Mitgefühl."* Immer wieder im Nächsten uns selbst zu erkennen – das ist vielleicht eine zeitgemäße Übersetzung von *„Liebe deinen Nächsten wie dich selbst."*

Ich begegne ständig Menschen, die mit der Kirche nichts mehr anfangen können, die auch über Religion kein gutes Wort verlieren oder heftige Kritik an ihr üben. Und im Laufe der Jahre habe ich auch selbst immer wieder mit den zum Teil kruden Positionen einiger Vertreter des kirchlichen Bodenpersonals gehadert. Ich werde gefragt, warum ich etwa angesichts der vielen Missbrauchsskandale, der Schlechterstellung von Frauen oder einer verzopften Sexualmoral nicht längst aus der Kirche ausgetreten bin. Ich stelle mir diese Frage auch. Ja, warum eigentlich nicht? Es hat wohl viel mit frühen Kindheitserinnerungen zu tun. Mit positiven Momenten und Erfahrungen, die ich nicht missen möchte.

Ich bin nicht sonderlich religiös erzogen worden, wir haben zu Hause nicht vor dem Essen gebetet, sondern maximal mit meinem Vater vor dem Schlafengehen. Ich bin getauft und gefirmt, aber ich war weder Ministrant, noch war ich bei der Jungschar, sondern viele Jahre bei den Pfadfindern aktiv. Deren Motto „Jeden Tag eine gute Tat" war mir in der Kindheit und Jugend wohl wesentlich näher als die Zehn Gebote. Ich erinnere mich gut, wie sehr ich mich fast panisch vor der ersten Beichte gefürchtet habe, damals in der zweiten Volksschulklasse vor der Erstkommunion. Wir besuchten nicht jeden Sonntag, aber doch regelmäßig den Gottesdienst in meiner Heimatpfarre St. Martin in Klosterneuburg. Das Pfarrleben, der Messbesuch, das Pfarrcafé, danach noch Fußball spielen mit Freunden, das habe ich als Kind erlebt, und das versuche ich auch heute mit meiner eigenen Familie zu leben. Der Glaube war doch immer auch da, manchmal präsenter, manchmal ferner, ein Wegbegleiter, ein Wertekompass oder ein Fundament für mich, er spielte immer eine gewisse Rolle in meinem Leben. Ein leises, vertrautes Rauschen im Hintergrund. Der deutsche

Journalist Heribert Prantl schrieb vor Jahren einen Text in der „Süddeutschen Zeitung", der mich sehr berührte. Ohne Kirche, sagt er, gäbe es keine Räume der großen Stille, der Meditation, des Innehaltens. Es gäbe keinen Raum, in dem Wörter wie Barmherzigkeit, Seligkeit, Nächstenliebe und Gnade ihren Platz hätten. Kirche sei demnach ein Ort, der Zeit und Ewigkeit verbindet, aber nicht der Himmel, und die wenigsten ihrer Funktionäre seien Heilige. *„Sie kann aber, wenn es gut geht, ein Ort sein, an dem der Himmel offengehalten wird."*

Der Glaube stärkte mein Urvertrauen in die Welt. Das Vertrauen darauf, dass Dinge gut werden können, auch wenn sie noch so aussichtslos erscheinen. Die Überzeugung und das Gefühl, dass ich gehalten bin – von Freunden, von Familie – ja, vermutlich auch von Gott, wie auch immer er oder sie aussehen mag. Weil Glaube im Gegensatz zu meiner Volksschulzeit später wenig mit Furcht oder Angst, sondern mit Zuversicht, Hoffnung, Freude und Weite assoziiert war. *„Fürchtet euch nicht"*, das ist für mich eine der zentralen Botschaften in der Bibel. Viel zitiert und ehrlicherweise eine der wenigen Stellen, die ich wiedergeben kann.

Oft habe ich den Eindruck, dass Menschen, die für religiöse Themen, für Fragen nach dem Sinn des Lebens durchaus empfänglich sind, ebendiese Fragen auf die Seite schieben, weil sie Glaube und Kirche gleichsetzen und weil sich Religionen häufig zwischen sie und eine positive Auseinandersetzung mit den großen Fragen drängen. Groß und mächtig, mit manchmal lähmendem Absolutheitsanspruch. Selbstverständlich kann man gläubig sein, ohne Kirchenbeitrag zu bezahlen – es gibt sicher so etwas wie eine Religiosität jenseits der Religionen –, aber am Ende des Tages bietet die Kirche, vor allem aber die Caritas für mich einen positiven Bezugsrahmen, in dem ich den Glauben täglich spüren und, so gut es mir möglich ist, leben kann. Wenn ich mit einem obdachlosen Mann unter der Brücke beim Donaukanal ein Gespräch führe, von einer Flüchtlingsfamilie auf einen Tee in ihre notdürftige Unterkunft im Camp Moria auf Lesbos eingeladen werde, wenn ich die Hand eines sterbenskranken Menschen halte. Wenn ich gemeinsam mit einem Freund am Gipfel eines Berges stehe, allein im Wald bei einem Wegkreuz auf einer Mountainbike-Tour innehalte oder mit meiner Familie am Friedhof eine Kerze anzünde, dann fühle ich mich im Stillen und in der Begegnung mit anderen Gott nahe.

Die ehemalige Journalistin und evangelische Pfarrerin Julia Schnizlein, die ich persönlich sehr schätze, bewegt sich so wie ich sehr aktiv in den sozialen Medien. Mit ihr gemeinsam habe ich das längste Interview meines Lebens gegeben. Mehr als fünf Stunden führten wir ein wunderbares Gespräch über Gott und die Welt. Ich werde dieses „Frühstück bei mir" im Mutter-Kind-Haus Immanuel zu Ostern 2020 gemeinsam mit Claudia Stöckl wohl aus vielerlei Gründen in Erinnerung behalten. Es war eines der wenigen persönlichen Treffen in der Zeit des großen Abstandhaltens. Julia Schnizlein ist im Unterschied zu mir Theologin, wählt aber eine Sprache für ihre Kolumnen und Texte, die mich mehr abholt als so mancher Messbesuch. „Heute weiß ich, dass sich Schuld oft anders anfühlt, als man denkt", schreibt sie auf ihrer Homepage. „Sie hat so viele Gesichter. Sie schleicht sich ein – gerade in der Selbstgerechtigkeit. Sie zeigt sich mitunter dort, wo wir sie nicht erwarten. Und manchmal entsteht Schuld nicht durch das, was wir tun, sondern gerade durch das, was wir nicht tun. Wenn wir uns in Opferrollen verkriechen. Wenn wir es versäumen, Verantwortung zu übernehmen – für uns und unser Tun."

Ich kann an Gott glauben, ohne alles glauben zu müssen, was von der Kanzel herab gepredigt wird, oder ohne jedes geschriebene Wort, jeden Satz aus der Bibel bis ins letzte Detail zu erfassen. Für mich ist Glaube also nicht zuerst ein Glaube an etwas. Es hat vielmehr mit Erfahrung, vielleicht Beziehung zu tun. Ich verstehe den Glauben zuallererst als gelebte Praxis und weniger als sonntäglichen Kirchgang. Was zählt, sind nicht nur die Theorien, sondern vor allem die Taten. Das zu tun, von dem wir intuitiv spüren, dass es das Richtige ist: füreinander da zu sein, aufeinander zu schauen. Nächstenliebe ohne Wenn und Aber, gerade dann, wenn es besonders schwerfällt oder besonders unbequem ist. Eigenverantwortung zu übernehmen, aber auch Verantwortung füreinander.

Der Platz der Kirche muss meiner Überzeugung nach immer an der Seite der Menschen, besonders der Armen und Ausgegrenzten sein. In vielen Gesprächen mit Menschen, die von der Kirche enttäuscht wurden oder denen von Kirchenvertretern Schmerz zugefügt wurde, beobachte ich, dass sie Signale, Zeichen und Botschaften von Papst Franziskus zumindest beschäftigen. In seiner jüngsten Enzyklika „*Fratelli tutti*" wirbt er um Geschwisterlichkeit und um Solidarität als Grundhaltung in Politik, Wirtschaft und Gesellschaft, gerade wenn es um die großen Fragen unserer Zeit geht wie die Klimakrise, den globalen Kampf gegen Hunger oder darum, wie die Kluft zwischen Arm und Reich verringert werden kann.

Diese Botschaften machen deutlich, dass Religion einen ganz zentralen Hinweis für uns bereithält: Das Ich, unser Ego, ist nicht das Entscheidende. Das um sich selbst kreisende Ich ist nicht unsere wahre Identität. Oder wie wir es bei der Caritas immer wieder formulieren: Ohne ein Du wird keiner zum Ich. Wir leben miteinander, wir brauchen Beziehungen wie einen Bissen Brot. Wir sind aufeinander angewiesen. In guten wie in schlechten Zeiten.

Ist das alles, was ich glaube, bloßes Wunschdenken, eine Illusion, um an den Grausamkeiten und Ungerechtigkeiten dieser Welt nicht vollends zu verzweifeln? Möglich. Und ganz ehrlich: Ich beschäftige mich mit diesen Zweifeln nicht allzu intensiv. Denn Religion hat für mich keinen Anspruch auf das Absolute. Sie ist in meinen Augen viel mehr ein Deutungsversuch, diese Wirklichkeit mit anderen Mitteln als der Vernunft zu erfahren. Metaphern, Gleichnisse und Bilder, die für mich immer nur eine Annäherung sein können. Das trifft aus meiner Sicht für alle Religionen zu. Gehört nicht gerade auch zum Glauben Respekt vor dem, was anderen Menschen heilig und wichtig ist? Ich denke, es handelt sich um Versuche, das große Ganze irgendwie erfahrbar zu machen. Wie unterschiedliche Routen, die auf denselben Gipfel eines Berges führen. Religion ist für mich also eher ein Wegweiser als das Ziel.

Das ist auch der Grund, warum ich persönlich höchst sensibel, manchmal sogar allergisch und wütend reagiere, wenn Politikerinnen und Politiker am Stephansplatz mit dem Kreuz winken, wenn Politikerinnen und Politiker – und derer gibt es auch bei uns immer mehr – gebetsmühlenartig betonen, man müsse das christlich-jüdisch geprägte Abendland verteidigen. Viele von ihnen geben vor, es gehe ihnen um „unsere Werte", um den Glauben, um den Nikolo im Kindergarten, um das Kreuz in den Schulen. Vielleicht täusche ich mich, aber es fühlt sich für mich oft so an, als gehe es dabei viel mehr darum, uns in ein „Wir" und „die anderen" aufzuspalten. Gerade in einer Zeit des Populismus wird mit einfachen Botschaften gegen andere für die eigene Sache mobilisiert. Ich sage nicht, dass es keine Probleme im Zusammenleben unterschiedlicher Kulturen und Glaubensgemeinschaften gibt.

Das Leben in einer vielfältigen, auch kulturell diversen Gesellschaft ist nicht nur bereichernd, es ist oft extrem fordernd und für nicht gerade wenige Menschen überfordernd und verunsichernd. Die Gleichzeitigkeit unterschiedlicher Kulturen, unterschiedlicher Lebensentwürfe und Konzepte muss gerade für ältere Menschen, die noch in einem „homogeneren Österreich" aufgewachsen sind, schwer nachzuvollziehen sein. Nicht nur für sie. Viele Menschen plagen Abstiegsängste, sie fürchten – ob berechtigt oder nicht – die ausländische Konkurrenz am Arbeitsmarkt. Und viele dieser Ängste entladen sich identitätspolitisch. Woran ich aber definitiv glaube, ist, dass wir diese Fragen nur gemeinsam, durch Begegnung, im Dialog und nicht in einem Gegeneinander lösen können. Nicht nur um die Unterschiedlichkeit auszuhalten, sondern auch um an dieser Verschiedenheit zu wachsen.

Matthew, ein junger indischer Priester aus Kerala, gestaltete etliche Jahre die Kinder- und Familiengottesdienste in der Pfarre St. Martin in Klosterneuburg, die ich mit meinen Eltern und Geschwistern relativ regelmäßig besuchte. Als meine Eltern, meine Schwester und ich 1992 mehrere Wochen durch Indien reisten, lernte ich nicht nur zum ersten Mal unvorstellbare Armut, riesengroße Slums und eine enorme Kluft zwischen Arm und Reich kennen. Es war zugleich meine erste Reise über die Grenzen Europas hinaus, ich erlebte eine völlig andere Kultur mit ihren Bräuchen und religiösen Praktiken. Wir besuchten auch Matthew, der mittlerweile in seine Heimat zurückgekehrt war und ein Priesterseminar mit etlichen Sozialprojekten und einer Schule leitete. Wir wohnten einige Tage in dem Seminar in Bangalore, aßen gemeinsam mit den Studierenden und nahmen frühmorgens an den Messfeiern teil. An eine kann ich mich bis heute erinnern. Ich empfand sie als wunderbar bereichernd und in einer Weise religions- und kulturverbindend, wie ich selten mehr einen Gottesdienst erleben sollte. In dieser hinduistisch-christlichen Messfeier wurde verbunden, was nach strenger katholischer Auslegung sicher niemals verbunden werden hätte dürfen. Zumindest betonte mein Papa damals mehrmals, dass Bangalore zum Glück viele tausend Kilometer von Rom entfernt sei und im Vatikan wohl so mancher überlegen würde, welches Disziplinarverfahren angesichts so einer Feier einzuleiten wäre. Einer Feier, die mich als Jugendlichen abholte, begeisterte und inspirierte.

Ob gute Menschen eher in den Himmel kommen, wie es dort sein wird und was uns erwarten wird – all das kann ich klarerweise nicht beantworten. Jeden Tag so zu leben, dass wir am Abend nicht im Streit schlafen gehen, unser Bestes gegeben haben, einander um Verzeihung bitten, wenn wir Fehler gemacht haben, und uns immer wieder die Frage zu stellen: Ist es schon gut, wie wir uns verhalten und wie wir leben, oder kann es noch besser werden? Das versuche ich meinen Kindern bestmöglich vorzuleben.

Wenn ich mir eine Sache wünsche, die sie mitnehmen, dann ist es diese. Wir müssen unseren Mitmenschen und damit letztlich auch uns nicht jeden Tag den Himmel auf Erden bereiten, aber ich glaube, wir sollten es zumindest versuchen – jeden Tag ein bisschen, weil wir darin vielleicht ein Stück vom Himmel schon auf Erden erahnen können. Daran glaube ich.

Ich sehne mich nach einer Kirche, die uns aufrichtet und uns stärkt, statt uns mit Schuld zu beladen. Ich träume von einer Kirche, in der der Zweifel einen Platz hat. Von einer Kirche, die uns nicht klein und zu Bittstellern macht, sondern die uns in die Weite führt. Ich will eine Kirche, die rausgeht aus den Schlafzimmern und rein in die Herzen der Menschen. Wo jede und jeder leben und lieben kann, wie es ihm oder ihr entspricht. Die Liebe soll zuerst Liebe sein und nicht Sünde. Kirche ein Ort, an dem Frauen und Männer gleich sind. Ein Ort, der uns immer wieder die Augen öffnet und uns so richtig Bock macht auf das Gute! Ein Stück vom Himmel hier auf Erden.

KaP!

tel 08

Was am
Ende zählt

Als ich Herbert das erste Mal sah, kannte ich von ihm nicht viel mehr als seine Diagnose: Gehirntumor im Endstadium. Als ich das hörte, wollte ich nichts wie weg.

Ich erinnere mich noch genau an die Anfangszeiten bei der Caritas, als ich mich sehr auf die neue Aufgabe und die Herausforderungen freute, Neues kennenlernte und entdeckte – die Quartiere für obdachlose Menschen, die Suppenbusse, die Mutter-Kind-Häuser oder die vielen Arbeitslosenprojekte, die Arbeit mit Menschen mit Behinderung. Es gab aber auch Aufgabengebiete, die mich verunsicherten und die mich mit großem Respekt erfüllten. Die Hospizarbeit, die Begleitung sterbenskranker Menschen, stand definitiv ganz weit oben auf meiner persönlichen Shortlist des Unbehagens. Immer wieder fand ich Ausreden, warum ich mich vor einer direkten Auseinandersetzung mit diesem Thema drückte. Obwohl ich als Rettungssanitäter beim Roten Kreuz schon so viele Menschen sterben gesehen hatte, hatte ich Berührungsängste und Sorge, im richtigen Moment nicht die richtigen Worte zu finden. Irgendwann wollte ich dann doch mehr über diese Arbeit erfahren – ganz einfach, weil ich weiß, dass ich meinen Job nur dann gut mache, wenn ich auch fühle, worüber ich rede. Wenn ich mir nicht ausschließlich im Büro irgendwelche Berichte und Konzepte durchlese, sondern wenn ich erlebe, erfahre und konkret sehe, wie unsere Arbeit wirkt. Oft begleite ich deshalb Mitarbeiterinnen, setze mich zu Beratungsgesprächen dazu, besuche die Mutter-Kind-Häuser, die Lebensmittelausgabestellen in den Pfarren oder fahre mit den Freiwilligen vom Suppenbus aus. All das mache ich regelmäßig.

Aber erst einmal begleitete ich eine Kollegin des Mobilen Hospizes einen Tag lang bei ihrer Arbeit. Wir verabredeten uns in einer kleinen Bäckereifiliale für ein kurzes Vorgespräch. Als ich an einem der schmucklosen Tische Platz nahm, behielt ich meine Jacke an – ganz so, als wäre ich auf dem Sprung und noch immer unentschlossen, ob ich mich tatsächlich auf das Kommende einlassen sollte. Christina gab mir ein paar Hintergrundinformationen zu den Patienten und ihren Angehörigen, die wir an diesem Vormittag besuchen wollten. Sie erzählte, wie die Tour quer durch die Stadt ablaufen würde. Dabei trank sie einen Espresso, ich bestellte eine Melange ohne Zucker. Bevor sie in der Hospizarbeit einen neuen Beruf und ihre Berufung fand, arbeitete sie als Sekretärin. Die Ausbildung zur Gesundheits- und Krankenpflegerin begann sie auf dem zweiten Bildungsweg. Sie hatte dabei immer ein klares Ziel vor Augen: Sie wollte nicht irgendwo als Krankenschwester arbeiten, sondern immer genau den Beruf ergreifen, den sie heute ausübt. **Christina** begleitet sterbenskranke Menschen und ihre Familien auf dem letzten Weg des Lebens. Wahrscheinlich ist es für die meisten auch der wichtigste und zugleich schwerste Weg.

An diesem grauen Dienstag im Spätherbst 2016 besuchten wir also Herbert, einen älteren Herrn, der im Nebenhaus der Bäckereifiliale im dritten Stock lebte. Er hatte das Glück, nicht allein zu sein. Gepflegt und betreut wurde er von seiner Frau, seiner Tochter, die Ärztin ist, und einer 24-Stunden-Betreuerin aus der Slowakei. Christina informierte mich noch im Lift über Herberts Diagnose: Glioblastom. Gehirntumor. Es war derselbe Tumor, an dem auch meine Schwägerin im Alter von nur 35 Jahren vor etlichen Jahren gestorben war. Mir schnürte es die Kehle zu. Am liebsten hätte ich die Flucht ergriffen. Die Gedanken spielten verrückt und mein Kopf schmerzte. All die Erinnerungen waren wieder da. Als läge ihr Tod nicht schon etliche Jahre zurück.

Es ging damals alles so wahnsinnig schnell. Mein Bruder und seine Frau Alexi waren ein glückliches Paar. Sie hatten ihr Studium erfolgreich abgeschlossen, viele Länder mit dem Rucksack bereist, sie tanzten gerne, liebten es, Ski zu fahren. Als sie sich entschieden, ein Haus zu bauen, war ihre ältere Tochter noch ganz klein. Sie hatten große Pläne, wollten nach der Geburt ihrer zweiten Tochter für einige Jahre nach China übersiedeln, wo mein Bruder einen spannenden Job gefunden hatte. Gesagt, getan. Sie wagten diesen großen Schritt. Rund ein halbes Jahr später, beim ersten Besuch in der Heimat, ging dann alles völlig unerwartet Schlag auf Schlag. Alexi hatte zwar starke Kopfschmerzen, aber niemand dachte an das Schlimmste. Plötzliche Verhaltensänderungen, immer schlimmere, kaum auszuhaltende Kopfschmerzen, plötzliche Bewusstlosigkeit, ein Rettungseinsatz, die niederschmetternde Diagnose, die alles verändern sollte. Schnell war klar, dass kaum Zeit bleiben würde. Dass es tatsächlich so rasch gehen würde, ahnte aber niemand. Sechs Wochen später fand das Begräbnis statt. Mein Bruder war plötzlich Witwer, alleinerziehender Papa von zwei kleinen Mädchen.

Trauer und Schmerz, Wut und Verzweiflung waren in diesen Tagen allgegenwärtig. Ich habe großen Respekt davor, wie er diese große und schmerzvolle Lebenskrise meisterte. Ich erinnere mich noch sehr genau, dass es einer jener Momente in meinem Leben war, in denen ich mich so verdammt machtlos fühlte. Wie konnte sein, was nicht sein durfte? Warum ausgerechnet sie? Wie gerne hätte ich in dieser Situation geholfen. In den wenigen Wochen zwischen Diagnose und dem Tod von Alexi träumte ich viel und sehr intensiv. Manchmal wachte ich schweißgebadet auf und dachte, dass alles nur ein böser Traum sei. Ich malte mir in Gedanken aus, dass es vielleicht doch irgendeinen Ausweg geben musste, ihre Krankheit zu bekämpfen und letztlich zu besiegen. Ich verspürte den starken Drang, helfen zu wollen, irgendwie helfen zu müssen. Es ging so weit, dass ich mir ausmalte, einen Teil des bösartigen Tumors in meinem Körper aufnehmen zu können, um ihn zu bekämpfen. Der ganzen Familie wurde damals vor Augen geführt, dass Hilfe oft Grenzen hat. Dass es Momente der Ohnmacht und der Machtlosigkeit gibt, vor allem dann, wenn es um Leben und Tod geht. All meine wirren Vorstellungen und Träume halfen am Ende nicht. Alexi starb. Wesentlich rascher, als es die Ärzte vorausgesagt hatten.

Kurz nach dem Begräbnis bekam ich eine starke Gastritis. Ich musste zu Untersuchungen ins Krankenhaus und erholte mich mehrere Wochen nicht. Mir wurde damals klar: Helfen kann man jemand anderem nicht, indem man ihr oder sein Leid inhaliert, in sich aufnehmen will, um es zu bekämpfen. Im beruflichen Kontext hatte ich oft gehört, wie wichtig es ist, sich von seinem Mitgefühl nicht mitreißen zu lassen, Distanz zu wahren. Doch in dieser Situation war die Trauer stärker. Zwischen professionellem Abstandhalten, Empathie und Mitleid mag es einen Mittelweg geben – doch in diesen Tagen und Wochen war ich außerstande, ihn zu finden.

So wie vielen Menschen ist es damals auch mir gegangen. Spätestens mit der Gewissheit über den baldigen Tod meiner Schwägerin verspürte ich eine starke Verunsicherung. Was ist richtig? Was falsch? Wie handle ich angemessen in so einer Situation? Bei den Besuchen im Spital oder später zu Hause hatte ich große Angst, etwas falsch zu machen, nicht die passenden Worte zu finden. So wie mir ging es einigen im Umfeld der Familie meines Bruders. Sie waren schlicht überfordert und zogen sich zurück. „Manchmal hatte ich das Gefühl, dass viele unserer Freunde gar nicht wussten, wie sie mit dieser Situation umgehen sollten. Etliche haben Alexi bereits begraben, bevor sie überhaupt tot war", formulierte es mein Bruder einige Monate danach so treffend. Ich fühlte mich irgendwie angesprochen.

Das Quietschen der Eingangstür holte mich abrupt zurück in die Altbauwohnung in Wien-Alsergrund. Ich begrüßte die beiden Frauen, die im Vorzimmer warteten, hängte meine Jacke am Haken an der Wand auf, ließ aber meine Mütze auf. Ob Herbert heute überhaupt in der Lage wäre, sich zu unterhalten, konnte Christina bei unserem Vorgespräch nicht sagen. Zuletzt war er meist sehr müde und matt gewesen. Ich griff nach einem schwarzen Hocker, rückte ihn ganz nahe an das Krankenbett und setzte mich direkt neben den im Bett liegenden 84 Jahre alten Mann. Er bemerkte meine Anwesenheit, öffnete die Augen und begrüßte mich mit einem Lächeln. Das erste Eis war gebrochen. Beim Begrüßen entschuldigte ich mich dafür, dass meine Hand ganz kalt war, aber Herbert hielt sie ohne etwas zu sagen einfach fest. Er würde sie in der kommenden Stunde nicht mehr loslassen. Offenbar gab es ihm genauso viel Sicherheit wie mir. „Sie haben gute Hände", waren die ersten Worte, die er zu mir sagte. Er führte meine Hand an seine Stirn. „Das Kühle am Kopf ist angenehm." Eine breite Narbe verlief knapp unter seinem Haaransatz. Ich erinnerte mich, dass meine Kollegin von einer Operation erzählt hatte, bei der ihm ein Teil des bösartigen Tumors entfernt wurde, um den Hirndruck vorübergehend zu reduzieren und die damit verbundenen Kopfschmerzen zu lindern. Doch eine Heilung, das wusste ich aus dem Gespräch mit meiner Kollegin, war ausgeschlossen. Ihm würde nicht mehr viel Zeit bleiben.

Herbert und ich kamen ins Plaudern. Ich rückte noch näher an sein Krankenbett heran, da er sehr leise sprach. Im Nebenraum, in dem eine Heimorgel stand, sprachen währenddessen Herberts Frau, die slowakische Pflegerin und Christina über die Medikation, etwaige weitere notwendige Pflegemaßnahmen und darüber, wie es mit der Atmung des Patienten ginge. Zum Frühstück habe er einen Apfel gegessen. „So wie ich", antwortete ich ihm etwas zögerlich. „Welchen denn?" Und auf eine unkomplizierte und leichte Art und Weise nahm er mir die Angst vor unserem Gespräch. Herbert hatte ein schönes Leben gehabt. Er brannte für seinen Beruf, hatte mit großer Freude und viel Motivation als Rechtsanwalt gearbeitet. Wenn er heute zurückblickte, dann fragte er sich manchmal trotz des beruflichen Erfolges, des Wohlstands, ob er in all den Jahren nicht zu viel gearbeitet und zu wenig gelebt hatte. Oft wäre kaum Zeit für die Familie, für ihn selbst geblieben. So wie bei mir – dachte ich und sprach es offenbar laut aus, denn Herbert, der beim Reden immer wieder die Augen schloss, sah mich eindringlich an. Auch mein Papa, der stets viel gearbeitet hatte, oft sehr spät nach Hause gekommen oder auf mehrtägigen Dienstreisen war, der im Skiurlaub jeden Morgen in der Frühstückspension vom Festnetz aus mit der Firma telefonierte, sagt heute oft: „Schau auf deine Familie. Nimm dir Zeit für Julia und die Kinder." Es fällt mir schwer, diesen Rat aus seinem Mund anzunehmen, denn ich kann ja nicht Dinge, die er vielleicht gerne anders gemacht hätte, wiedergutmachen, indem ich sie nicht oder anders mache. Vielleicht fällt es mir auch deshalb nicht leicht, seine Worte anzunehmen, weil ich insgeheim weiß, dass er recht hat. Auch ich frage mich immer wieder, was ich alles versäume, wenn ich die Kinder heranwachsen und so rasch älter werden sehe.

Das Gespräch strengte Herbert zunehmend an. Ich fragte ihn, ob wir lieber schweigend dasitzen sollten, Hände haltend. Aber er deutete mir, dass ich fortfahren sollte. Für mich ist diese Balance zwischen Familie und Beruf eine der größten Herausforderungen. Was ist wirklich wichtig? Was mache ich mit der Zeit, die mir bleibt? Wofür entscheide ich mich und wogegen? Was zählt am Ende des Tages, am Ende des Lebens? Wie viel Zeit erfordert mein beruflicher Einsatz, wie viel Zeit bleibt für meine Familie? Auch für mich?

Ich beobachtete, wie Herbert auf ein braunes Bücherregal gegenüber seinem Bett zeigte, das fast bis zur

Decke reichte. Und ich verstand plötzlich, dass sich seine Erzählungen über sein Leben rund um unterschiedlichste Gegenstände in diesem Bücherregal drehten. Dort standen einige Familienfotos in kleinen Bilderrahmen, zum Teil lehnten sie an der Hinterwand, zum Teil wurden sie durch ausgeklappte Holz- und Kartonaufsteller gehalten. Ein Schwarzweißfoto zeigte ihn als jungen Vater eines kleinen Mädchens auf einer Wiese. Sie hielt eine gepflückte Blume, er hielt seine Tochter im Arm, beide strahlten einander mit einem breiten Lachen an. „Das Foto wurde im Wienerwald aufgenommen. Mein Gott, ist das eine Ewigkeit her", erklärte seine Frau, die gerade das Zimmer betrat. Immer wieder hatten sie dorthin an den Wochenenden Familienausflüge unternommen. „Wie viele Jahre sind Sie denn schon mit Ihrem Mann verheiratet", fragte ich. Sie schaute ihn fragend an und rechnete im Kopf nach: „56 Jahre sind es heuer, das ist wirklich eine Ewigkeit – mit vielen Aufs und Abs." Sie strich – während sie das sagte – die Bettdecke glatt. Organist war er jahrelang in einer Pfarre in Niederösterreich gewesen und bis vor einem halben Jahr spielte er noch mehrmals pro Woche im Rollstuhl sitzend auf der Heimorgel im Nebenzimmer. Musik war schon immer seine große Leidenschaft – besonders Opern und Messen liebte er sehr. Welches seine Lieblingsoper sei, wollte ich wissen. „Verdi", sagte Herbert nach einigen Momenten der Stille im Flüsterton, *„Rigoletto* mag ich besonders." Dann schloss er die Augen wieder. Er war stets ein begeisterter Fußballfan, Austrianer seit Kindestagen. Er lernte vier Sprachen: Italienisch, Englisch, Französisch und Spanisch. Die vier dicken Wörterbücher im obersten Fach bezeugten es. So oft es ging, verreiste er. Zweimal fuhr das Ehepaar nach Australien, und erst jetzt entdeckte ich im untersten Fach des Bücherregals, gleich neben den unzähligen Langspielplatten, dass dort schön geordnet ein Reiseführer neben dem anderen stand. An vielen dieser Orte dürfte Herbert in seinem Leben gewesen sein: Kreta, Madeira, Australien, Polen. Unser Gespräch wurde von Stimmen aus dem Nebenraum unterbrochen. Das Essen fiel Herbert zuletzt äußerst schwer, hörte ich. Wer kann schon sagen, wie viel Zeit letztlich wirklich noch bleibt?

Christina gab mir zu verstehen, dass wir aufbrechen mussten. Ich ließ seine warme Hand los und wusste, dass ich mich verabschieden musste, ihm Lebewohl sagen, doch ich brachte plötzlich kein „Auf Wiedersehen" über meine Lippen, oder habe ich es schlussendlich doch gesagt? Es war die Gewissheit, dass ich diesen Menschen, den ich vor einer Stunde zum ersten Mal gesehen hatte, dass Herbert und ich uns nicht mehr wiedersehen würden – zumindest nicht in diesem Leben und nicht in dieser Welt. Er lächelte, als ich aus dem Zimmer in den Vorraum trat. Irgendetwas in mir sträubte sich. Ich drehte mich nochmals um, bat Christine, auf mich zu warten, ging zurück, blieb in der Tür stehen und sagte leise, aber deutlich zu Herbert: „Sie haben gute Hände." Dann verließ ich nachdenklich die Wohnung. Einige Tage später meldete Christina sich bei mir. Herbert hatte sich auf die Reise gemacht.

Ich denke noch oft an ihn. Wie wir in dieser einen Stunde dem Leben vermutlich sehr viel näher waren als dem Tod. Dass unser Gespräch bei aller Schwere auch etwas sehr Leichtes und Bejahendes hatte, dass es sich für mich – und ich hoffe, auch für ihn – wie eine Zusage an das Leben selbst anfühlte.

Die Erfahrung, dass die Auseinandersetzung mit dem Sterben lebensstiftend sein kann, durfte ich schon einmal machen. Damals, als Burgl Baustädter, eine Klientin unseres Tageshospizes, eine unheilvolle Diagnose zum Anlass nahm, um ihrem Tod zu trotzen und das Leben noch einmal zu feiern.

Burgl hatte Krebs. Und wie Herbert wusste sie, dass sie bald sterben würde. Und dennoch hatte sie in diesem für sie letzten Jahr 2014 einen letzten großen Plan. Sie wollte noch einmal hinaus: Sie wollte Wien einmal in ihrem Leben zu Fuß umrunden. In 24 Etappen legte sie 120 Kilometer zurück. Sie durchquerte den Wienerwald, bezwang die Lobau und mit Blick auf die Stadt erkundete sie den Kahlenberg und wanderte weiter Richtung Sofienalpe. Burgl legte diese letzte Wanderung nicht allein zurück. Sie wurde von einer freiwilligen Mitarbeiterin des Caritas-Tageshospizes begleitet – und von Menschen, die mit Burgl ein Stück des Weges gemeinsam gehen wollten. Auf einer Etappe begleitete ich sie mit meiner Familie. Die Art, wie die damals 71-Jährige auf ihr Leben zurückblickte, berührt mich bis heute sehr. Ihr Mut und die Gefasstheit, und dass sie wohl im Reinen war mit sich. Sie hatte intensiv und gut gelebt. Das sagte sie immer wieder.

Burgls Geschichte ist eine Geschichte, die mir Hoffnung macht. Hoffnung darauf, dass am Ende nicht der Tod, sondern das Leben das letzte Wort hat. Dass jeder Sterbende ein Lebender ist. Und zwar bis zuletzt.

Als ich während meines Studiums beim Roten Kreuz arbeitete, habe ich viele Menschen sterben gesehen, alte Menschen, junge Menschen, auch Kinder waren darunter. Die Ursachen hätten vielfältiger nicht sein können: Herzinfarkt, Schlaganfall, Krebs, Suizid, Verkehrsunfall. Damals schon beschäftigten mich diese letzten Begegnungen, Gespräche und Berührungen sehr. Wenn wir als Team vor Ort waren, habe ich meistens geschaut, dass ich mich irgendwann freispiele, um mit den Angehörigen zu sprechen. Nachdem der Notarzt den Tod festgestellt hatte, versuchte ich das herumliegende Material wegzuräumen, richtete den leblosen Körper zurecht, bedeckte den nackten Körper mit einem sauberen Leintuch, schloss dem Toten die Augenlider und zeichnete dem Verstorbenen mit dem Daumen ein Kreuz auf die Stirn. Dann holte ich die Angehörigen ins Zimmer, damit sie ein letztes Mal Abschied nehmen konnten. Die meisten wollten das.

Das Kreuzzeichen hat uns Kindern schon mein Papa beim Schlafengehen auf die Stirn gezeichnet. Meistens arbeitete er sehr lange, kam erst spät vom Büro nach Hause. Meistens hatten wir dann bereits zu Abend gegessen oder schliefen tief und fest. Wenn er aber zu Hause war, setzte er sich immer noch zu uns ans Bett, betete mit uns, zeichnete das Kreuz auf unsere Stirn und wünschte uns eine gute Nacht. Vieles setzt sich fort im Leben. Auch ich mache meinen Kindern jeden Abend das Kreuz auf die Stirn – selbst dann, wenn sie schon lange schlafen.

Vor Kurzem musste ich abermals erfahren, wie schnell es gehen kann, das mit dem Leben und dem Tod. Meinem Papa ging es von einer Minute auf die andere gesundheitlich schlecht. Ich fuhr zu meinen Eltern, war noch vor dem Notarztwagen dort. Habe seinen schrecklich hohen Puls gefühlt. Ihm und mir war sofort klar, dass es ernst sein musste. Dass wenig Zeit blieb. Die Rettung kam, er wurde ins Krankenhaus Klosterneuburg gebracht. Er wurde monitorisiert, durchuntersucht und wir starrten beide auf den kleinen Bildschirm. Die medikamentöse Behandlung hat nicht funktioniert und es war klar, dass er defibrilliert werden musste. Ich habe seine Hand gehalten, war einfach da. Es war für ihn wichtig und ebenso für mich. Und wir haben ohne viele Worte Abschied genommen. Die bangen Sekunden während der Defibrillation bin ich vor dem Raum, den Monitor fixierend, auf und ab gegangen. Dann der Elektroschock. Der erste Versuch scheitert. Dann der zweite. Die Sekundenbruchteile, die kurze Nulllinie. Eine gefühlte Ewigkeit. Und dann schlägt sein Herz, als wäre nichts gewesen. Alles ganz normal. Er wacht aus der Narkose auf, schaut selbst als Erstes auf den Monitor über seinem Bett. Wir umarmen einander, lachen und weinen, sind einfach glücklich.

Wenn es so weit ist, möchte ich nicht allein sein. Möchte einschlafen – umgeben von meinen Liebsten.

Feiert das Leben! Am besten nicht morgen, feiert es heute. Feiert es hier und jetzt!

KaP!

tel 09

Vom Mut, den ersten Schritt zu tun – Jetzt musst du springen!

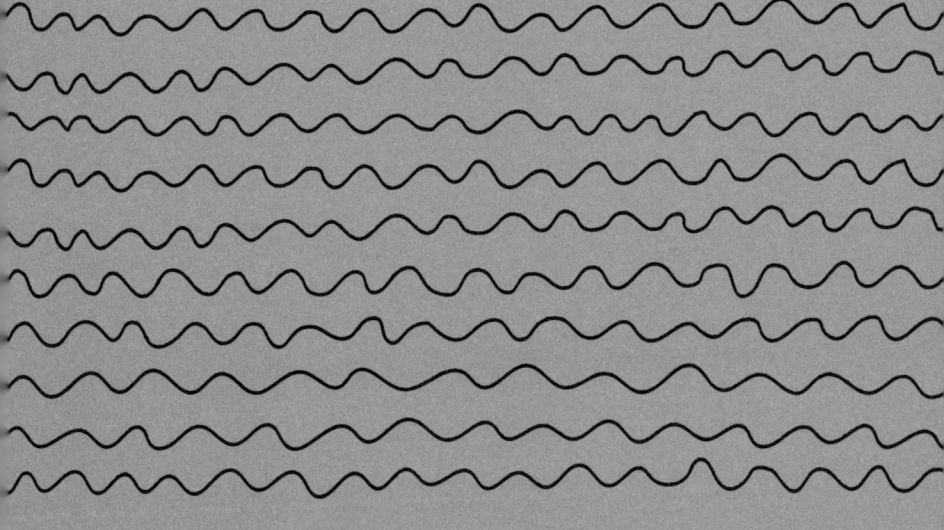

Es war eine kalte Winternacht, in der ich Susi bei ihrer Arbeit auf Wiens Straßen begleitete. Nacht-Streetwork mit dem Kältebus der Caritas. Unser Ziel: Obdachlose Menschen aufsuchen, mit ihnen ins Gespräch kommen, Hilfe anbieten, warme Schlafsäcke verteilen, Vertrauen aufbauen und wenn alles gut geht, ihnen ein Bett für die Nacht organisieren. Ich habe Susi und ihre Kolleginnen und Kollegen in den vergangenen Jahren schon oft auf ihren Touren durch die Nacht begleitet. Kein Einsatz glich dabei dem anderen. Wir fanden Zelte auf der Donauinsel, Schlaflager entlang des Wienflusses, bei der Südosttangente oder unterhalb von U-Bahn-Trassen. Wir stießen auf Männer und Frauen in Parks und auf Menschen, die zum Teil seit Monaten und Jahren in öffentlichen Toilettenanlagen oder in einem Verschlag im Wienerwald lebten. Meist unbemerkt von ihrem Umfeld. Auf sich allein gestellt. Wind und Wetter ausgesetzt.

Der Kältebus war voll beladen mit warmen gespendeten Jacken, mit Hauben, Handschuhen, Hosen, Unterwäsche, Winterstiefeln und Schlafsäcken. Ich fuhr uns an diesem Abend an Orte, die ich zwar gut kannte, an denen ich regelmäßig vorbeikam, die jedoch jetzt in der Nacht und unter diesen Voraussetzungen plötzlich völlig anders und irgendwie fremd wirkten. Die Temperaturen lagen unterhalb des Gefrierpunkts. Wärme spendeten nur die kurzen Fahrten im Auto zwischen den einzelnen Stationen. Es waren allesamt Orte, die uns am Kältetelefon von Wienerinnen und Wienern genannt worden waren. Orte, an denen auch bei dieser Kälte Menschen ungeschützt im Freien übernachteten. Orte, an denen jene Menschen wohnen, die keine Wohnung mehr haben.

Je kälter die Temperaturen, umso heißer glühen die Drähte des Kältetelefons. Wir hatten an diesem Abend bereits etliche Frauen und Männer mit winterfesten Schlafsäcken und Kleidung ausstatten können und mit ein paar Zigaretten Vertrauen aufgebaut. Gegen Ende der Tour – kurz vor Mitternacht – meldete uns die Polizei einen Standort weit draußen am Stadtrand. Obdachlose würden auf dem weitläufigen Areal eines aufgelassenen Supermarkts übernachten. Wir wendeten und machten uns auf den Weg. Ich parkte das Auto in der Nähe der angegebenen Adresse und wir machten uns mit Taschenlampen ausgestattet auf die Suche. Die Szenerie erinnerte an die Kulisse einer *„Tatort"*-Produktion: Das Gelände war mit einem hohen Bretterzaun großräumig abgesperrt, Autos und Lkws bretterten auf einer Durchzugsstraße dahin. Zum dritten Mal suchten wir den hunderte Meter langen Zaun ab, um irgendwie auf das Gelände mit dem dunklen Gebäude und dem Gestrüpp zu kommen. Als wir kurz davor waren aufzugeben, entdeckten wir endlich zwei

Bretter, die sich wie eine kleine Tür zur Seite schieben ließen. Wir suchten uns einen Weg durch die dicht gewachsenen Büsche. Der gefrorene Boden knarrte unter den Schuhsohlen. Wir sahen die eigenen Hände vor den Augen kaum. Der Kegel der Taschenlampe führte uns in die ehemalige Supermarkthalle. Leer und scheinbar verlassen. Der Wind drang durch gesprungene Fenster und offene Türen. Die Wände übersät mit Graffitis und in mehreren Ecken sammelten sich Berge von leeren Bierdosen und Spirituosen. „Vorsicht, da sind tote Tauben am Boden festgefroren", flüsterte Susi, die wenige Meter hinter mir blieb. Spätestens jetzt wurde mir mulmig zumute. Wir kletterten gerade die Rampe der ehemaligen Warenanlieferung hinauf, als ich die Stille nicht mehr ertrug. Ich begann zu rufen: „Hallo! Ist da jemand? Wir sind von der Caritas!" Als ich um eine Ecke bog, leuchtete mir eine dunkle Gestalt mit ihrer Taschenlampe mitten ins Gesicht. Ich erstarrte. Ich konnte von meinem Gegenüber nur die Umrisse erkennen, umklammerte meine Taschenlampe und richtete den Lichtstrahl sogleich ebenfalls wie eine Waffe auf den Unbekannten. Wir konnten uns beide nicht rühren. Mit der in mir aufsteigenden Panik begann ich unentwegt zu reden. Ich redete und redete. Bis ich merkte, dass ich mich, so wie mein Gegenüber, allmählich fasste und beruhigte. Ich bot ihm eine Zigarette an. Doch er winkte mit einer Handbewegung ab und gab mir zu verstehen, dass er Nichtraucher war. Nach und nach kamen wir ins Gespräch, das sich dank der freiwilligen Dolmetscherin, die wir per Mobiltelefon zuschalteten, sogar immer verständlicher gestaltete. Langsam, aber sicher wich bei uns beiden die Angst. Und nach und nach tauchten hinter Styroporplatten rund ein Dutzend obdachloser Frauen und Männer aus Hohlräumen auf. Sie waren völlig unzureichend gekleidet. Unvorstellbar, wie sie bei dieser Kälte hier lebten. Schließlich begleiteten sie uns zum Kältebus, wo wir sie mit Schlafsäcken und Winterkleidung versorgten. Sie verabschiedeten sich und kehrten zurück an diesen gespenstischen Ort.

Ich möchte dieses Kapitel Menschen widmen, die ich für ihren Mut bewundere und die uns ein Beispiel sein können. Menschen wie Susi Peter und ihre Kolleginnen und Kollegen, die sich in Situationen begeben, bei denen sie im Grunde selten wissen, was sie erwartet. Menschen wie Krankenpflegerin Svetlana, die ich tief im Osten der Ukraine kennenlernen durfte – dort, wo nachts die Einschläge der Mörsergranaten zu hören sind und Kinder nicht einschlafen können. Menschen wie die Restaurantbesitzerin Katerina und ihren Mann Nikos, die auf Lesbos spontan begannen, Nothilfe für geflüchtete Menschen zu organisieren, und die heute eine der vielen Initiativen vor Ort leiten, die versuchen, inmitten der humanitären Katastrophe so etwas wie menschenwürdige Rahmenbedingungen für Bootsflüchtlinge sicherzustellen. An einem Ort, wo nach Jahren noch immer an einer Politik der Abschreckung festgehalten wird. Sie alle helfen oft dann, wenn sonst niemand mehr hilft. Sie helfen Menschen, die andere aufgegeben und vergessen haben. Wenn die Situation hoffnungslos erscheint und Erfolge sich schwer in Bilanzen gießen lassen. Wider alle Vernunft. Und oft auch gegen massive Widerstände.

Ich bin kein ängstlicher Mensch, aber als ich mir nach mehreren Sicherheitsbriefings erstmals in meinem Leben einen Helm aufsetzen und mich in eine schwere, kugelsichere Weste hineinzwängen musste, wurde mir bewusst, dass ich mich noch nie so nahe an der Front eines Kriegsschauplatzes befand – so nahe, dass man die Einschläge der Schüsse wenige Kilometer entfernt hören konnte. Ich hatte die Ukraine bereits einige Male bereist. Doch meine Reise im Jahr 2017 hinterließ bleibende Spuren. Ich begegnete einem Kind, das seine Sprache verloren hatte. Einem Vater, der seine Söhne begrub. Und einer Frau, die inmitten dieser Trostlosigkeit Tag für Tag unermüdlich half.

Ich stand im Turnsaal einer Schule, nahe der russischen Grenze und nahe jener Kontaktlinie, die die ukrainischen Streitkräfte von den Kämpfern der Separatisten im Osten des Landes trennt. Ein Teil des Schulgebäudes war vor längerer Zeit durch Granateneinschläge zerstört worden und ausgebrannt. Das Ausmaß der Zerstörung in den umliegenden Dörfern war enorm, die Erzählungen der Menschen verstärkten diese Hoffnungslosigkeit und dazu kam diese verdammte Kälte, die durch Mark und Bein ging. Im Nebenraum wurde eine Schulklasse gerade in Englisch unterrichtet. Die

Schülerinnen und Schüler sollten ihre Berufswünsche äußern. Ein Mädchen zeigte auf und erzählte, sie wolle gern Lehrerin werden. Ein Bursche meldete sich und sagte, er werde Arzt, ein Mädchen wollte Katastrophenhelferin werden. Alle Kinder nannten Berufe, mit denen sie selbst zum Frieden beitragen würden. Berufswünsche von Kindern inmitten des Kriegs. Damals hatte ich nicht nur Angst um diese Kinder, das eigene Leben, ich ängstigte mich auch deshalb, weil ich einmal mehr verstand, wie zerbrechlich Frieden sein kann. Ich erlebte ähnliche Situationen auch auf meinen Reisen im Libanon, in der Bekaa-Ebene, in Jordanien und im Südsudan. Wie schnell Worte zu Taten werden können. Und welche Verantwortung wir haben, die wir in Frieden und Sicherheit leben, das wurde mir durch diese Besuche im Ausnahmezustand bewusst. Wo das Zuhören und der Dialog enden, dort beginnt der Krieg.

Wie Menschen in solchen Situationen leben und Strategien fürs Überlebens finden, war und ist für mich schwer vorstellbar. „Als der Krieg begann", erzählte mir Svetlana, „hat mein Kind plötzlich von einem Tag auf den anderen zu sprechen aufgehört. Das war vor knapp drei Jahren." Svetlana ist Caritas-Mitarbeiterin und sie ist im Osten der Ukraine geboren. Ich lernte sie in ihrem Heimatort kennen, der „das Stalingrad der Ukraine" genannt wurde. An ebendiesem Ort besuchte Svetlana ältere, pflegebedürftige Menschen, die sonst niemand mehr besuchte. Tag für Tag setzte Svetlana, die Caritas-Mitarbeiterin, alles daran, diesen vielfach alleinstehenden oder zurückgelassenen alten Männern und Frauen das Leben und den Alltag ein wenig zu erleichtern. Und Tag für Tag verzweifelte Svetlana, die Mutter, weil ihr eigenes Kind die Sprache verloren hatte. Selten war für mich die direkte Betroffenheit einer Kollegin größer als hier in diesem Krieg, in Stanyzja Luhanska. Nicht nur jene Menschen, die Hilfe brauchen, sondern auch jene Menschen, die Hilfe leisten, treffen die Folgen der militärischen Auseinandersetzung mit voller Härte.

Wer von der ukrainischen Hauptstadt Kiew kommend die vielen militärischen Checkpoints passiert, bekommt es spätestens dann mit der Angst zu tun, wenn junge Burschen in Militäruniform, mit geschulterter Waffe und mitunter nach Hochprozentigem riechend, Pässe und Durchfahrtsgenehmigungen kontrollieren. Wer sich dann auf den schlechten, schneebedeckten Straßen immer weiter in den Osten des Landes und hinein in die Pufferzone wagt, der begegnet Menschen, die inmitten dieses Krieges zu helfen und das Leben ihrer Mitmenschen zu verbessern versuchen. 1,7 Millionen Kinder waren zu diesem Zeitpunkt von dem Krieg betroffen. Svetlanas Kind war eines davon. Manche Kinder wurden zu Waisen. Andere mussten ihre Stadt verlassen. Schulen wurden zerstört, Familien auseinandergerissen. Diese Kinder waren und sind es, die am meisten unter den Folgen des Kriegs leiden. Das stimmte mich nicht nur nachdenklich, als Vater von vier Kindern machte mir das auch Angst. Wer sind die Bösen, wer die Guten? Ich hatte auf dieser Reise oft den Eindruck, dass es den Menschen egal war, wer hier auf welcher Seite stand. Es war nicht ihr Krieg, der hier geführt wurde. Und doch war es ihre Heimat, es waren ihre Städte und Dörfer, ihre Wohnungen und Häuser, ihre Verwandten und Angehörigen und letztlich sie selbst, die unter den Folgen litten. Wozu das alles, fragte Svetlana immer wieder. „Das hier ist ein Geschwisterkrieg. Ein Krieg, den keiner versteht und den keiner will. Fast keiner." Was hielt sie aufrecht? Was gab ihr die Kraft, weiterzumachen, die Schüsse zu ertragen, mit der Gefahr zu leben? „Für die Kinder machen wir weiter", sagte sie. „Wir wollen ihnen zeigen: Es kann auch Frieden geben."

Während meine Kollegin Susi auf Wiens Straßen obdachlosen Menschen hilft, von denen viele vielleicht leichtfertig sagen, sie wären selbst schuld an ihrer Situation, und Svetlana gegen die Sprachlosigkeit ihres Kindes und gegen die Folgen des Kriegs ankämpft, kämpfen Nikos und seine Frau Katerina gegen das Versagen Europas an den EU-Außengrenzen an. Die humanitäre Lage in den Flüchtlingslagern auf den griechischen Ägäis-Inseln ist seit Jahren dramatisch, das erlebte ich zuletzt hautnah, als ich im Oktober 2020 zum zweiten Mal innerhalb eines Jahres nach Lesbos reiste. Das Flüchtlingslager Moria war wenige Wochen zuvor abgebrannt. Wer damals das neue Flüchtlingslager besuchte, konnte sich im ersten Moment leicht täuschen lassen. Von offizieller griechischer Seite wurde versucht, die Lage als entspannt darzustellen. Viele humanitäre Organisationen und Freiwillige waren mit vollem Einsatz dabei, die Lage für die Menschen, darunter viele Familien mit kleinen Kindern, menschenwürdiger zu gestalten. Doch wenige Stunden nachdem ich auf Lesbos angekommen war, wurde mir klar: Die Situation war für die Betroffenen noch immer unerträglich. Unzählige weiße Zelte standen geordnet am Meeresufer. Doch es gab keine einzige Dusche im ganzen Lager. Die Menschen wuschen sich und ihre Kleidung im Meer. Es gab nur einmal am Tag eine Essensausgabe, einige kochten auf offenem Feuer. Es gab keine Waschmaschinen, die Elektrizitätsversorgung war unzureichend, als einzige Toiletten gab es Chemieklos. Am zweiten Tag meiner Reise führten heftige Regenschauer und starker Sturm erneut dazu, dass viele Zelte weggeblasen wurden oder unter Wasser standen. Die Menschen hatten bis zuletzt verzweifelt versucht, Sandsäcke zu füllen und Dämme zu errichten. Die medizinische Versorgung war völlig unzureichend. Das einzige Krankenhaus der Insel stieß durch die Corona-Krise schon ohne geflüchtete Menschen an seine Kapazitätsgrenzen. Gerade für chronisch kranke Menschen, Menschen mit Behinderungen, die seit Monaten auf der Insel festsaßen, ein verhängnisvoller und gefährlicher Zustand. Und die 55 Tonnen schwere Hilfslieferung, die die österreichische Bundesregierung öffentlichkeitswirksam nach Griechenland gebracht hatte, lagerte seit Wochen in einer Halle bei Athen.

Die Flucht- und Migrationskrise ist zweifelsohne eine der großen Herausforderungen unserer Zeit. Und klar ist auch: Auf komplexe Fragen gibt es keine einfachen Antworten. Gleichzeitig ist wahr: Auf Lesbos geht es bis heute um eine unfassbar einfache, sehr konkrete Frage: Will Europa das Leid der Menschen vor Ort beenden und Not- und Nachbarschaftshilfe leisten? Oder wollen wir Teil einer europäischen Wertegemeinschaft sein, in der alte und pflegebedürftige Menschen und tausende Familien mit Kindern auf europäischem Boden den Winter in unbeheizten Zelten im Dreck verbringen müssen? Während wir unsere Kinder in Österreich in Corona-Zeiten mit Masken in die Schulen schicken und alles unternehmen, um Pflegeeinrichtungen bestmöglich vor Corona zu schützen, ist es uns gleichzeitig egal, dass Menschen in Griechenland oder in Bosnien im Dreck dahinvegetieren. 70 Jahre nach Verabschiedung der Genfer Flüchtlingskonvention steht ebendiese in Griechenland auf dem Spiel. Ich bin überzeugt: Das Sichern von Grenzen und das Einhalten der Flüchtlingskonvention dürfen und müssen einander nicht ausschließen. Dass wir nicht nur Grenzen, sondern auch Menschen schützen können, machen vor Ort unzählige Helfer deutlich. Menschen wie Katerina und ihr Mann Nikos. Das Paar betreibt seit vielen Jahren ein Fischgeschäft in einem kleinen Ort auf der Insel, wenige Meter davon entfernt führten sie einst direkt am Hafen ein Restaurant. Als 2015 in sehr kurzer Zeit tausende geflüchtete Menschen auf Lesbos strandeten, fassten die beiden einen

Entschluss. Nikos war gerade unterwegs im Norden der Insel, um Fische zu verkaufen, als er völlig durchnässte, hungrige Menschen am Strand vorfand. „Wir wussten: Wir müssen hier helfen." Damals, vor mehr als fünf Jahren, haben sie begonnen, Kleidung zu sammeln. Sie haben zuerst den eigenen Kleiderkasten geleert, dann leerten Nachbarn, Freunde und Bekannte ihre Kästen, bis aus einer Kleidersammlung „Home for All" entstanden ist. Eine kleine NGO mit einer Küche, in der ein Team rund um Nikos und Katerina und engagierten Menschen aus der ganzen Welt täglich mehr als 1.000 Portionen warme Mahlzeiten kochen und diese rasch an armutsbetroffene Griechen und geflüchtete Menschen verteilen. Hilfe, die satt macht.

Doch vermutlich werden Katerina und Nikos noch lange das Gefühl haben, dass ihre Hilfe zwar unfassbar wichtig, aber letztlich doch nur ein Tropfen auf den heißen Stein ist. Weil ein Ende des syrischen Bürgerkriegs nicht absehbar ist. Weil Griechenland und die anderen EU-Mitgliedstaaten an einer Politik der Abschreckung festhalten, offenbar außerstande und nicht gewillt sind, Menschen auch menschenwürdig unterzubringen und ihnen nachhaltig zu helfen. Vermutlich wird es aber auch Susi und ihren Kolleginnen vom Streetwork-Team nicht gelingen, die Obdachlosigkeit in Wien vollkommen abzuschaffen, wird Svetlana den kriegerischen Konflikt in der Ukraine nicht allein durch ihr Handeln lösen können. Aber ihre Geschichten können uns Mut machen. Mut, den ersten Schritt zu tun. Mut, hin- und nicht wegzuschauen. Die eigene Komfortzone zu verlassen und auf andere zuzugehen. Aktiv zu werden, anstatt zu resignieren. Mut ist ein großes Wort, doch er wird gerade auch in den kleinen Dingen und Taten deutlich. Mutig kann sein, wer auf seine innere Stimme, auf sein Gewissen hört. Wer das Kältetelefon anruft, an die Tür seines Nachbarn klopft oder wer bei aller Unpopularität in seinem Bekannten- und Freundeskreis weiter dafür eintritt, dass mit Menschen auf der Flucht nicht so umgegangen werden darf, wie es nach wie vor in Griechenland oder entlang der viel zitierten und angeblich geschlossenen Balkanroute der Fall ist. Mutig ist, wer sein Herz offenhält und nicht verschließt, wer sich selbst im anderen und den anderen in sich selbst zu erkennen vermag. Wer sich berühren lässt.

Und vielleicht reicht es auch, wenn einige wenige – so wie Nikos, Katerina, Susi oder Svetlana – sehr mutig und wir anderen nur ein wenig mutiger sind. Wenn wir uns darauf verlassen können, dass wir viele sind. Viele, die kleine Dinge mit ihren vielen kleinen Taten verändern und damit gemeinsam Großes bewirken. Wir müssen keine Helden werden. Es reicht und ist gut, Mensch zu bleiben.

DANKE AN

Julia und unsere vier Kinder, für das große Verständnis und Aushalten meiner inneren Unruhe, und ganz besonders für die Liebe, den sicheren Hafen und die Geborgenheit, die ihr mir schenkt – während der Zeit dieses Buchprojekts und im Alltag seit so vielen Jahren.

Ulli und Martin für das Begleiten, Inspirieren, Diskutieren, Drängeln und Unterstützen. Die vielen Gespräche im *mag*das-Hotel, die unzähligen Nacht- und Wochenendschichten. Eines steht fest: Ohne euch gäbe es dieses Buch nicht.

Mama und Papa für so vieles, das hier alles zu nennen schlicht nicht möglich ist. Und an meine Geschwister.

Conny, der ich von der Idee dieses Buches bei einem gemeinsamen Frühstück erzählt habe und einige Stunden später kam eine Whatsapp mit einem Titelvorschlag. Er steht in Großbuchstaben am Cover.

Das syrische Mädchen aus dem Camp Moria, meine 93-jährige Freundin Gertrude, die Familie des Wiener Neujahrsbabys, die obdachlosen Männer und Frauen aus der ehemaligen Supermarktruine und all die anderen Menschen, denen ich in meiner Arbeit begegne und die mir zeigen, was wahre Leistungen sind.

Das Team der Caritas: Alex, Michael und Bettina – stellvertretend für die vielen großartigen Kolleginnen und Kollegen.

Thomas, tomé, Christina und Christian, Gregor, Laura, Edda, Bernt, Tini, Kathrin, Michi, Barbara – für eure Freundschaft.

Das Team des *mag*das-Hotels – dafür, dass ihr diesen Ort zu etwas ganz Besonderem macht.

Harald und Katrin für die Fotos am Donaukanal, Ursula für die schöne Grafik und Joe für die Korrekturen.

Alexi, Sonja, Leopold und Christine – ich spüre, dass ihr da seid, auch wenn ich nicht weiß, wo das genau ist.

DER AUTOR

Klaus Schwertner ist seit dreizehn Jahren für Menschen in Not im Einsatz – zuerst als Pressesprecher, heute als Geschäftsführender Caritasdirektor der Erzdiözese Wien. Der 44-jährige Vater von vier Kindern wurde in dieser Zeit zu einer unverzichtbaren Stimme der Zivilgesellschaft. Oft laut. Meistens unbequem. Aber immer sehr deutlich. Für seinen Einsatz wurde er 2016 als „Kommunikator des Jahres" und 2019 mit dem „Blogger Award für Zivilcourage" ausgezeichnet. Klaus Schwertner lebt mit seiner Familie in Klosterneuburg bei Wien.

facebook.com/klaus.schwertner
twitter.com/KlausSchwertner
instagram.com/cariklaus/
Abonniere Klaus Schwertners Podcast „Mitten am Rand"
auf Soundcloud, iTunes oder Spotify.

© Harald Eisenberger

IMPRESSUM

Möchten Sie mit Klaus Schwertner in Kontakt treten? Wir freuen uns auf Austausch und Anregung unter leserstimme@styriabooks.at

Inspirationen, Geschenkideen und gute Geschichten finden Sie auf www.styriabooks.at

© 2021 by Molden Verlag
in der Verlagsgruppe Styria GmbH & Co KG
Wien – Graz
Alle Rechte vorbehalten.
ISBN 978-3-222-15065-4

Bücher aus der Verlagsgruppe Styria gibt es in jeder Buchhandlung und im Online-Shop www.styriabooks.at

Projektleitung und Lektorat: Ulli Steinwender
Cover- und Buchgestaltung: Ursula Feuersinger
Redaktionelle Mitarbeit: Martin Gantner
Korrektorat: Joe Rabl

Papier: 100% chlorfreies Salzer Eos hochweiß
Klimaneutraler Druck bei Finidr
Printed in the EU
7 6 5 4 3 2 1